走進孩子的
情緒小劇場

任萬寧　著

推薦序

每個人在生活中都需要一點遊戲的滋養

羅伯特・J.・藍迪

在《走進孩子的情緒小劇場》這本敏銳且富啓發性的著作中，作者任萬寧講述了一個關於「人如何成爲一個完整的人」的故事。這不是一個關於勤奮學習、卓越表現或模範行爲的故事，而是一段關於人類最常被忽略、也最被低估的活動——遊戲。同時，這也是一個關於「孩子」與「父母」這兩個角色，在成爲人的旅程中所扮演關鍵角色的故事。最終，這本書訴說的是：孩子與父母，如何能在各自的世界中、也在彼此互動的遊戲中，一起找回最本眞的人性。

任萬寧擁有多元而獨特的背景：來自科技工程的理性訓練、劇場創作的感性養成，以及心理學中關於身心與情緒連結的深刻探索。正因爲如此，他是再適合不過的說故事人，能夠穿梭於理性與感性之間，將理論化爲生活中可觸可感的溫暖語言。

這本書值得所有現在與未來的父母、教師、社工、劇場工作者——甚至是工程師細讀與深思。「因爲在生活裡，我們每個人都需要一點遊戲的滋養。」若失去了遊戲，我們也將失去讓我們成爲「完整的人」的種種能力：想像力、即興力、解決問題的能力、人際連結的能力、情感表達力、笑聲與愛。唯有在遊戲裡，人類一切的可能性才得以眞正展開。

2017 年，羅伯特・J.・藍迪博士於紐約，正式給予任萬寧戲劇心理學理論「角醒系統」大中華地區的培訓授權。

羅伯特・J・藍迪（Robert J. Landy, Ph.D., RDT-BCT, LCAT）

藍迪博士是國際「戲劇治療（Drama Therapy）」的先驅，擁有逾四十年的臨床與教學經驗。他一九八四年創辦並主導紐約大學的戲劇治療碩士課程，現任該校教育劇場與應用心理學的榮譽退休教授，並持有創造性藝術治療師執照（LCAT）、北美戲劇心理協會註冊戲劇心理師（RDT）與北美戲劇心理協會督導認證講師（BCT）資格。

在學術與創作領域，藍迪博士出版多部經典著作，包括《戲劇治療：概念、理論與實務》、《人格面具與表演》與《Couch and Stage》，並擔任《The Arts in Psychotherapy》期刊主編。他的研究與實踐遍及醫療機構、學校、監獄與社區，並在全球多所大學任教與工作坊授課，促進戲劇與心理之間的跨界整合。

他榮獲多項殊榮，包括紐約大學的卓越教學獎（Distinguished Teaching Medal）、傅爾布萊特講座基金會獎（Fulbright Fellowship）、戲劇治療傑出貢獻獎（Gertrud Schattner Award）與研究卓越獎（Daniel Griffiths Award）。同時身兼劇場導演、作曲家、編劇與攝影藝術家，展現多元創作跨域的能力。

推薦序

與孩子一起在情緒舞台上，共演一場成長之旅

洪素珍

那孩子在屋角，蹲坐一堆散落的積木堆中，正忙碌著搭建他要的「火山城堡」；另一個孩子則右手拖拽著一條舊花毯，正繞著房間奔跑著，口裡連續高喊著：「飛起來！飛起來！」。大人看到的也許只是個遊玩的場景、一場無目的的遊戲，但就遊戲舞台上的孩子而言，他們正在爲自己與世界的溝通建立起一座小劇場，進行重要的心理演出，掀起他們的無意識浪濤。大人不經意的，孩子最重視的，《走進孩子的情緒小劇場》搭起橋梁，讓他們一起上台交流。這本書就像一位熟悉舞台的導演，幫忙掀開孩子無意識舞台的布幕，讓我們讀出他們難以直接用語言溝通的情緒密碼，看懂他們透過遊戲理解世界的方式，知曉孩子如何在過渡性空間中演出內在世界的意義。

在精神分析學者溫尼考特（D. W. Winnicott）的理論中，過渡性空間是一個位於內在主觀世界與外在客觀現實之間的心理地帶，是嬰兒透過過渡性客體（如毛毯、

玩偶）建構的第一個「不全然是我、也不全然是世界」的中介。這個空間既是依附與分離之間的緩衝，也是創造力與眞我誕生的起點。如同 Lesley Caldwell 所說，當嬰兒向外伸手「勾住」某個客體（某人）時，他其實是在與世界展開一種創造性的聯繫。而正是在這樣的聯繫中，個體逐漸建立了與他人、與現實世界的心理橋梁。

《走進孩子的情緒小劇場》目的在解讀這座孩子的心理橋梁。它不只談教學策略或情緒教育，更深入地帶領我們看見孩子的內在心理結構——如何在遊戲裡建構象徵、在角色中修補情緒、在劇情內重組自我。書中所寫的不是「問題兒童」，而是尙未被理解的劇場編劇，他們用身體與語言編寫角色、展現內在衝突、不斷排演重來，一次次地在過渡性空間裡嘗試把情緒經驗轉化爲可以被理解的內容。

作者以戲劇心理學爲核心架構，淸楚展現了遊戲作爲過渡性空間具體實踐的意義。透過假裝與象徵性的行動，孩子在遊戲中將原始的情緒感受（Bion 所說的 β-elements）經由與環境或成人有意義的互動而涵容與轉化（α-function）這些原本難以消化的內容，進而形塑出一種可被思考、可被溝通的象徵形式。這不僅是一種調節情緒的歷程，更是一種建立自我與他人之間邊界的過程，是思考能力與心理統整萌發的搖籃。

而當這個象徵化過程被擴展至戲劇與劇場的範疇時，我們進入了情緒教育更高階的層次。戲劇提供了一個仍保有過渡性空間特質的文化容器，讓孩子（甚至成人）可以在安全的框架中創造角色、編織故事，重訪創傷、重新賦義。即使情節是虛構的，也觸碰最眞實的情緒；即使是場遊戲，也能轉化最深的傷痛。這些戲劇經驗不只是演出，更是心理健康的重建的過程。

《走進孩子的情緒小劇場》的文字語言精準專業，妙筆生花，能夠將孩子心理轉化旅程所創作的一幕幕戲劇場景，化作引人入勝、平實易懂的成人文本，著實不易。從如火山爆發的牛牛、到冰封情緒的鎖華，每個角色都是一種情緒經驗的轉化象徵，也是一次成功在過渡性空間解鎖情緒的實例。這些故事讓我們看見，只要我們願意放下控制與說教，進入孩子的遊戲邏輯中陪他們「演」一場，孩子終將會找到情緒的語言，發展自己的劇本。

本書實務與理論兼備，深入淺出，根植於溫尼考特理論，生發出教育實踐場景的芽孢，不只讓人理解到「爲什麼孩子的遊戲重要」，更告訴我們「如何進入孩子的舞台世界」。這是一本讓父母、老師、心理師等與孩子工作的專業者都可以從中獲得啓發的情緒陪伴指南，它不說教要孩子成爲怎樣的大人，而是提醒——孩子是正在成爲自己的那個人，只需要一個觀衆，一個共演者，一個願意坐在他戲劇空間裡不急著下結論的大人。

當我們眞正理解過渡性空間的心理意涵，就能明白教養與教育現場的目的不在於塑造孩子，而是與孩子共創劇場；而那個劇場的舞台，就是他與你共處的每一場遊戲、每次崩潰及每個眼神。《走進孩子的情緒小劇場》遞上的是張進入那個劇場的邀請函，請所有有心跟孩子們一起遊戲成長的大人們，共同登上孩子的情緒小劇場，參與「世界混戰」。在舞台上，讓情緒語言恣意，自在放光，而孩子自然成爲了他自己。

洪素珍

英國杜倫大學教育學院心理諮商博士，英國曼徹斯特大學戲劇治療證照，現任台北教育大學心理與諮商學系副教授。

國際分析心理學學會（IAAP）榮格督導級分析師，華人心理治療研究發展基金會諮商心理師，專長領域包括戲劇治療、沙遊治療、創傷治療、性侵害及家庭暴力心理治療，分析取向心理治療，客體關係取向兒童心理治療與父母諮詢。

目錄

第四章　父母爲什麼難以放手：親子衝突中父母的內在糾結／173

第五章　戲劇心理學運用在幼兒／203

第六章　Watch Me Play！在家也可以自己嘗試的戲劇心理探索活動／249

序言

陪伴孩子的情緒探險——教養中的智慧與勇氣

清晨七點，街道上擠滿了行色匆匆的上班族。透過窗戶望出去，我看見每個人臉上都有不同的神情：有人眼裡閃著希望，步伐輕盈，彷彿正迎向人生的某個目標；也有人神色疲憊，眼神空洞，像是被生活的壓力一點一滴耗盡。

十幾年前，我就是那個眼神迷茫的人。日復一日地忙碌，生活表面看似穩定，內心卻越走越遠，與自己幾乎斷了連結。

在我成家之前，我和許多年輕人一樣，努力追求社會定義的「成功」。我相信，只要達成某種標準，比如好的職位、高薪的工作、穩定的未來，就能找到人生的方向。然而，這條路走著走著，我卻發現自己正一步步迷失。

即使我是一位人人稱羨的科技新貴，內心卻越來越空洞，像是用盡全力建構了一座華麗的外殼，卻找不到通往內在的門。三年後，我終於誠實地面對自己：這不是我想要的人生。我放下外在的光環，踏上了一條更眞實、也更未知的自我探索之路。

從工程師到戲劇心理學的自我探索之路

這場人生的轉變，不只改變了我對成功的定義，也悄悄種下了我對情緒教育的種子。我開始明白：眞正的成功，不在於外在能否被讚賞，而是內在是否對自己的熱忱與使命感到共鳴。那時我問自己：「如果不是爲了滿足別人的期待，那我眞正想做的是什麼？」我渴望找到屬於自己的天賦，投入一個能點燃我內心熱情的志業。常常想，如果當時能更早明白這一點，我是不是能少走很多彎路？是不是能更早活出眞正的自己？

從工程師，轉到戲劇；又從舞台，走向心理

學——這一路的轉彎，其實就是我在尋找生命中真正的角色。最終，我在紐約大學接觸到戲劇心理學，那一刻，我彷彿找到了人生的劇本定位點。我將這套結合戲劇與心理學的獨特方法帶回台灣，創立了幼兒一對一情緒教育學院。我的願望，是讓更多孩子在成長過程中，不只學會面對情緒的風暴，更能培養出溝通、合作與解決問題的心理韌性與軟實力。我希望孩子們能比我們更早認識自己，依照自己的特質去發展，活出獨特、完整的自己。

戲劇釋放了我過去壓抑的情感

孩子在成長的路上，總是會出現各種讓大人摸不著頭緒的情緒反應。他們可能上一秒還在大笑，下一秒卻忽然哭了出來，情緒起伏像天氣一樣，毫無預警。但你知道嗎？這些看似混亂的情緒，其實藏著邏輯——孩子正在透過「遊戲」這個天然的語言，編寫屬於他們自己的情緒劇本。每一次角色扮演、每一場想像中的冒險，其實都是孩子探索內心的方式。這些遊戲，就像是一張地圖，帶領他們走進自己的感受，並一步步學會如何面對與調節情緒。

孩子的每一場遊戲，其實都是一場小型的內心劇場。無論是靜靜地堆積木，還是熱烈地和朋友玩角色扮演，每一個情節背後，都藏著孩子當下的情緒線索。當他們扮演警察、媽媽、超級英雄，甚至扮演壞人，他們其實不是單純在模仿，而是在演練情緒與角色的可能性。這些看似簡單的遊戲，其實是一場又一場「我如何面對這個世界」的排練。像是當一個孩子扮演超人打擊壞蛋時，說不定他正在嘗試處理他心裡的害怕與不安。他正在學習：如果我在遊戲裡可以戰勝壞人，那麼在現實生活中，我也可以變得更勇敢一點。

我自己也曾經歷過那種說不出口的情緒。小時候，我每天都要走兩公里回家。炎熱的夏天，讓那段路程變得格外煎熬。每一步，我心裡都在抱怨：「爲什麼沒有人來接我？爲什麼爸爸總是只接妹妹？」那些情緒卡在心裡，讓我一度覺得自己好像不被重視，連腳步都變得沉重。直到有一天，我腦中閃過一個念頭：如果這段路，是一場冒險呢？我開始替自己創造冒險故事。經過的文具店變成了魔法補給站，轉角的便利商店是補血地點。那段單調、孤單的回家路，突然變得充滿期待。從那時起，我第一次體會到：當我能跳出自己的角色，以「導演的角度」重寫情緒劇本時，我的情緒也能轉變。這讓我深刻理解，對孩子來說，遊戲從來不只是玩樂，而是一種真實面對情緒的方式，是他們學會解決問題、探索自我的起點。

孩子的情緒出口在遊戲與戲劇中展現

孩子透過遊戲來探索世界，而戲劇，就是這種探索的延伸與升級。遊戲是自由的、隨興的，讓孩子可以在其中釋放壓力與情緒；戲劇中最迷人的是故事，在故事中讓孩子能藉由角色扮演，將心裡說不出口的情緒外化。當孩子在戲劇中「演出」不同角色，他其實是在練習處理真實生活中的難題與感受。所以，戲劇不只是舞台上的娛樂，它是一種情緒教育，讓孩子學會認識自己、表達感受、整理情緒的工具。

在我的童年裡，那個高敏感的我，總是把情緒藏得好深。每當傷心、不安、生氣時，我總是選擇壓抑、退後、假裝沒事。那時候，我不懂怎麼說出自己的感受，更不覺得有人會真的想聽。直到我長大後遇見了「戲劇」。第一次踏上舞台，我以為只是演戲，沒想到演著演著，我卻找到了表達的自由。當我站在角色裡，我可以說平常不敢說的話，可以哭、可以怒、可以大笑，甚至可以勇敢。戲劇給了我一種奇妙的力量：讓我跳脫原來的自己，卻又更靠近眞實的自己。每一次排練，無論是扮演英雄還是反派，這些角色都像是在偸偸告訴我：

「你也可以有這些情緒。」「你也有力量面對困難。」

對孩子來說，戲劇化的遊戲不是特別設計出來的活動，而是一種本能。

當他們拿起一條毛巾，就能變成披風；一支湯匙，也能變成魔法棒。在這些扮演中，他們其實正在進行一種重要的情緒練習。

透過角色，孩子能在不被批評的狀態下，嘗試不同的情緒反應與行動選擇。他們會在遊戲裡「演」出自己的擔心、生氣、害怕，也會透過角色去發現：「原來我也可以很勇敢。」

一個容易焦慮的孩子，可能會選擇扮演超級英雄。在角色裡，他不再是容易被批評的「膽小鬼」，而是一個能出手拯救世界的存在。這種轉換，讓他在遊戲中建立力量感，也幫助他在眞實生活中，面對挑戰時更有勇氣。

戲劇心理學：開啟孩子情緒智慧的鑰匙

戲劇心理學在紐約大學隸屬於斯坦哈特學院（Steinhardt School），是一門融合戲劇藝術、教育與心理諮商的跨領域科學。它強調「透過角色扮演與情境模擬，在行動中學習情緒覺察與調節」。簡單來說，就是讓孩子在「遊戲」的過程中，安全地表達情緒、練習對話、嘗試新的行動方式，這不是說教式的「你要懂事」，而是一種讓孩子在角色扮演裡學會面對情緒與人生的方式。正如我在紐約大學攻讀碩士時的恩師羅伯特．藍迪（Robert Landy）所強調的：「人格的完整，並不代表只有一個眞實的自己，而是能同時容納多個面向，即使這些面向互相矛盾，也能和平共處。」

藍迪教授是國際知名的戲劇治療先驅，也是紐約大學戲劇治療所碩博士課程的創辦人。他認爲，每個人的內在都同時擁有「人格角色」與其人格角色相對應的「對

手角色」，就像太極中的黑白彼此交融、相互牽引。以孩子為例子：在遊戲裡看似在扮演超級英雄，但也許同時藏著害怕被忽略的脆弱；當他們在遊戲中表現出憤怒，可能也藏著想被理解的渴望。戲劇的魔法，就在於讓孩子在人格角色與對手角色之間找到新的平衡，也讓我們大人看見，情緒不是要被消除，而是被理解、被陪伴，並在陪伴中，長出屬於自己的勇氣與柔軟。

這種方法非常適用於孩子，因為情緒需要從情境中學習，而遊戲就是進入情境最好的管道。當孩子感到情緒困擾時，戲劇心理學可以幫助他們透過角色扮演來探索自己的情緒，並在安全的情境中練習如何應對。有的孩子學會用「獨角獸老師」來安慰受傷的心；有的孩子則創造了「哭哭怪獸」，學著跟它對話、讓它慢慢變小。我們也會為家庭設計專屬的情緒劇本，陪著父母一起建立正向的情緒循環。這不只提升情緒，更強化孩子面對壓力的韌性與自信。

在教養中運用戲劇心理學

對父母來說，戲劇心理學是一把教養上的鑰匙。當我們願意透過遊戲、角色扮演來陪伴孩子，他們會更願意說出內心的想法，也會在遊戲中找到解決問題的線索。舉個例子：當孩子因爲功課壓力焦慮時，我們與其說「你不要想太多」，不如給他一個情境劇本，讓他扮演「解題小博士」，自己來拯救「被數學困住的小動物」。孩子會在劇情裡找到自己的能力，也會更自信地面對生活的困難。

我的故事，正是戲劇心理學最眞實的寫照。小時候的我，是個敏感的小男孩，常常一句話卡在喉嚨、眼淚也不知道往哪裡藏。直到遇見戲劇心理學，我才第一次允許自己在角色中釋放情緒、說出心裡的話。當我全身心投入情境裡，那些壓抑許久的感受，像被溫柔打開的抽屜，一個個重見天日。這，就是戲劇心理學的魔法。

戲劇心理學改變了我的生命。我不再只是臨時演員，而是學會成爲自己人生的導演。我開始能辨識內在的角色——恐懼、勇氣、退縮與希望，並讓他們在對的時間上場、說出該說的話。這份覺察，讓我在生活裡更加自信，也能在壓力來襲時，穩穩地站在舞台中央，說一聲：「我準備好了。」

戲劇心理學，不只是我探索自己的工具，更成爲我陪伴孩子的重要方式。我眞心希望，透過這本書，家長們也能感受到這份力量——不是急著改變孩子，而是用角色與遊戲，陪他們找到回到內心的路。就像每個孩子都有他專屬的舞台，也都有機會成爲自己人生裡，最閃亮的主角。

我們無法爲孩子排除所有的風雨，但我們可以牽著他們的手，在每場戲裡陪他走、陪他演。願你我都能成爲孩子最溫柔的情緒拍檔，也讓他們在人生的舞台上，勇敢地活出自己。

歡迎查閱網站「萬叔幼兒情緒教育學院」（uncleone.tw），可以知道更多關於我的故事。

第一章

運用遊戲和戲劇，陪伴孩子玩得夠

1-1

玩爲什麼很重要？

情緒劇本中的玩耍力，可以培養情感、社交、創造力、人格養成，是情感與品格發展的基石。

初次見到六歲的牛牛時，他就像是一個生活在森林裡的小泰山。小泰山彷彿有用不完的體力，喜歡到處探險、跑跑跳跳。有活力是件好事，但有時也會衝過頭，靜不下心來做需要做的事情。

精力無窮的小泰山，脾氣一來變成牛魔王！

在教室裡，牛牛像一台永不熄火的小火車，總是左衝右撞、油門全開。有時候他一邊大笑，一邊朝我猛衝過來，笑容燦爛得像太陽，速度快得像子彈列車。我看著他衝過來，腦中只閃過：「這小傢伙……是完全沒在考慮生死的啊！」但說也奇怪，我就是喜歡他這股原始的生命力。跟牛牛在一起，眞的一點都不無聊——只是，每次下課我都懷疑自己是不是參加了一場自由搏擊賽。

我們一起玩車子遊戲時，只要我輕聲提醒：「牛牛，我們說好車子是用推的……」話還沒說完，玩具車就已經朝我飛過來。

就這樣，他一下是天眞活潑的小泰山，一下變身怒氣沖天的牛魔王。每一次和他遊戲，都像站上沒有裁判的擂台，必須時刻提防下一秒的突襲。我忍不住問自己：「爲什麼一場單純的遊戲，會變成這麼緊張的劇本？」是遊戲出了問題，還是情緒藏了劇情？

想和別人玩，卻總是交不到朋友

「牛牛在學校總是一個人，雖然他很想交朋友，卻沒有同學願意跟他玩。」牛牛媽媽的語氣裡，藏著一絲心疼與無奈。

在教室裡的牛牛，常常一個人蹲在角落，拿著玩具默默玩著，偶爾抬頭看看別人，又立刻低下頭。當我第一次見到他時，我便隱約明白：這孩子不是不想接近別人，而是不知道怎麼開始。

牛牛的家庭生活也反映了他的孤單。爸爸是藍領工人，工時長、回家後只想休息；媽媽是輪大夜班的護理師，又要照顧生病的婆婆。家裡的每個人都在撐，但沒有人能眞的「有空」坐下來陪牛牛說說話、玩玩遊戲。

「有時候我只是提醒他寫功課，結果就吵起來了……」媽媽嘆了口氣，說這句話的時候，她眼神裡有一種疲憊的自責。

當我第一次和牛牛上課時，雖然他會突然變身成牛魔王，對我進行「攻擊」，但我能感受到，這種原始的攻擊性其實來自於他對遊戲的極度渴望。他沒有機會學習人際互動的規則與界線，沒有經歷過被規範的經驗，這也許是他人生中少數眞正的遊戲互動。他只能用最原始、最沒有技巧的方式來表達自己。牛魔王不是想打我，他只是太怕失去這份陪伴了。

撇開牛魔王的攻擊不談，牛牛在遊戲中很快樂。我還記得那天下課鈴響了，他緊緊抓住玩具不放，一邊說：「我們還沒玩完！」這孩子不是「問題兒童」，他只是太寂寞了。在家裡，他沒有機會這樣盡情地笑、用力地玩、放心地黏著一個人。他的爸爸媽媽都很努力在生活裡打仗，只是能給他的，僅限於溫飽和提醒。

寂寞的孩子，比誰都渴望與人遊戲

牛牛之所以這麼渴望遊戲，不是因爲他皮，是因爲他寂寞。對一個總是孤單的孩子來說，能和人一起玩，是世界上最奢侈的快樂。也因此，當遊戲開始，他會把所有的情緒一次傾洩而出——渴望、興奮、焦躁、甚至憤怒。他沒學過界線，因爲過去他從來沒有練習「界線」的機會。所以，我們得給他更多這樣的機會。讓他在遊戲中練習互動、感受快樂，也慢慢學會尊重他人、安放情緒、等待與回應。這些都不是「說教」能教會的東西，只能在陪伴與關係中，長出來。

有一項美國研究曾指出：那些長大後在監獄中服刑的人，童年往往有三個共通點，他們孤單，幾乎沒有與人互動的經驗，更沒有眞正玩過。他們缺乏一種在遊戲裡被理解、被尊重的經驗，而這樣的空白，會在未來的社交與情緒發展中，悄悄裂開一道縫。

遊戲可以讓孩子學會什麼？

1 情感：透過遊戲學習認識情緒、覺察自己與他人的情感

情緒，不是在寫功課的時候長出來的，而是在追趕跑跳的過程裡，被激發出來的。缺乏遊戲經驗的孩子，失去了透過與他人的互動去感覺自己與表達自己的機會，如果對自己的情緒與行爲沒有感受，他要如何能夠學習認識情緒、覺察自己與他人的情感呢？孩子在遊戲和與人的互動中會產生情感，例如快樂、悲傷、興奮、憤怒。各式各樣的情感，會透過跟他人互動與情感交流引發，甚至經歷衝突，去整合對自己的認識。當孩子沒有機會在互動中感覺自己，他就會失去情緒的語言，也失去了控制與表達的能力。

就像牛牛一樣，只要一遇到挫折，在遊戲中便會喜怒無常，但他並不覺得這會對他的交友不利。他沒有能力去覺察自己怎麼了，在學校他交不到朋友，只能一個人玩。關鍵的原因是，他沒有任何遊戲的經驗，去發展自己交友方面的情感能力。

2 社交：玩，是孩子的第一堂人際溝通課

想像一下：你童年玩鬼抓人時，是不是常常一群人先「討論半天」？鬼的範圍要到哪裡？誰先當鬼？被抓到之後怎麼辦？能不能復活？看似只是玩，其實每一場遊戲，都在模擬未來社會：要表達自己的想法、要聽懂別人的意見、要在衝突中找共識、還要在爭輸贏的同時，保持彼此的關係。這些能力，是上課學不到的，只能透過一次次「一起玩」的互動，慢慢長出來的。

人是群體動物，孩子需要的不只是「有朋友」，他更需要在遊戲中被理解、被等待、被需要——那種一起玩的感覺，其實就是最原始的安全感。而這種社交能力，是孩子將來在團體中找到自己定位的基礎。

3 創造力：孩子不需要說明書，他們自己就是編劇

我很喜歡看孩子用他們自己的方式來遊戲。在他們的世界裡，沒有成人的框架，只有無盡的創意和探索。我曾經和許多孩子玩過自創的遊戲，每一個都有獨特的魅力，孩子對自己創造的遊戲總是全心投入。

小女孩心蕾第一次跟我玩黏土令我印象深刻，兩歲的她還不太會講話，正是用

感官探索世界的年齡。她小手揉呀揉，然後「啪！」一掌拍下去——圓圓的球變成了一張黏土大餅。她的眼睛亮了起來，像發現新大陸一樣。接著，她把黏土餅放到頭上，左晃晃、右晃晃，模仿印度人頂盤子的模樣。再猛地一甩，餅掉下來，她笑得前仰後合：「掉下來了！」然後她又把黏土揉回去、再拍一次、再玩一次，一個屬於她的小劇場就這樣一遍遍上演。對我們大人來說，那可能只是「玩黏土」；但對她來說，那是創造、是驚喜、是沒有腳本的自由。孩子的創造力，不是來自精緻的玩具，而是來自「允許無限可能」的空間。而遊戲，就是他們探索世界最安全、最自由的一個舞台。

4 人格養成：從一碗麵開始，孩子學會了溫暖

跟牛牛工作一段時間後，他的情緒逐漸穩定，我們開始進入靜態的遊戲。那段時間，牛牛最愛捏黏土做「麵條」。每次做好後，他總是笑咪咪地說：「快吃，快吃！」有天我問他：「爲什麼你喜歡做麵條呢？」他眨眨眼，說：「因爲我想讓別人開心啊！」聽到這句話，我幾乎

忍不住想落淚。這個曾經情緒暴衝、像牛魔王一樣的小男孩，竟然說出這樣溫暖的話。我開始有意識地引導他的關懷能力，爲他塑造出對比牛魔王的對手角色：暖男廚師！每次他捧出那碗麵，我也會捏一碗回送給他，笑著說：「這是我特別做給你的。」我們一邊「吃麵」、一邊聊學校、聊他心裡的事。

這些小小的互動，看似簡單，卻像黏土一樣，在他心裡悄悄捏出了「牛式暖男」。他開始變得穩定，也願意主動靠近別人。兩個月後，他媽媽興奮地說：「牛牛在公園交到朋友了！他們手牽手一起玩滑梯！」這對過去在交友上受挫的牛牛是一項巨大的突破。媽媽還補充：「以前只要別人不跟他玩，他就會發脾氣，現在就算被拒絕，他竟然能平靜地接受，默默跟在別人後面一起玩。」

從孤單到現在有了朋友，牛牛學會了接受人際的挫敗、調整交友方式，用正向的腳步重新出發。這樣的蛻變令人動容，這也是我一直堅信的：「相信孩子內在的光」，正是戲劇心理學最深的力量。我們不是教孩子如何做，而是陪他發現，他本來就值得被愛，也有能力去愛別人，他會從這份愛發展出自己的劇本，這是我深信的核心價值。

每個牛魔王的心裡，都住著一位暖男廚師

牛牛的成長轉變，其實就是戲劇心理學裡「角醒系統」的眞實體現。

我們常說，一個孩子的行爲，就是他在內心舞台上「正在扮演」的角色。像牛牛，一開始總是以牛魔王的樣貌出現：情緒暴衝、攻擊性強、無法自我控制。這個「牛魔王」，就是他慣性扮演的角色，是他在困難情境中最熟悉、最習慣的反應模式。

但戲劇心理學的信念是：每個孩子心裡都還住著另一個「對手角色」，也就是能與原有角色形成張力和平衡的那一位角色。對牛牛來說，那位對手角色是誰呢？是「暖男廚師」。暖男廚師很有行動力，也很有能量，但他不是橫衝亂撞的牛魔王，而是能把自己的活力轉化成「照顧」、「分享」與「關懷」。牛牛捏麵條、請我吃麵、笑著說「我想讓別人開心」，這些看似微小的互動，就是他正在進入對手角色、練習扮演那位更穩定、更有同理心的自己。在戲劇心理學中，我們相信「改變」不是消滅原本的角色，而是發展出更多元的角色。

牛牛不是放棄了牛魔王，而是學會了怎麼把牛魔王的能量透過暖男廚師的溫柔與節制來轉化。他仍舊是那個充滿能量的孩子，只是現在他懂得怎麼用這份能量來

交朋友、表達關心，而不再只是衝撞與防衛。

正面品格透過日常遊戲累積，在孩子心中生根發芽

牛牛的轉變，不是一夕之間發生的，而是在每一場遊戲、每一個「吃麵」的互動中，一點一滴累積出來的。當「暖男廚師」這樣的角色像在孩子心中生根發芽，就不再需要反覆提醒或管教。孩子會開始主動做出調整，因爲這個新角色已經成爲他的一部分。他不再只會爆炸或攻擊，而是慢慢長出「彈性」與「調適力」。想想看，這樣的能力，不正是許多大人都還在努力學習的嗎？我們常在新聞中看到，有年輕人因爲告白被拒絕，便做出毀滅性的行爲。那樣的情緒反應，其實和牛牛早期的狀況非常相似，遇到挫折時，唯一的反應就是衝撞。如果那位年輕人，從小也有機會發展出「暖男」這樣的角色，也許他的命運會不一樣。他就不會因爲一時的情緒，而做出後悔一生的決定。

萬叔教養心法

遊戲，是情緒在說話。孩子的情緒，往往不會直接說出來，但會偷偷藏進他們的遊戲裡。當他們不斷重複一種玩法、不肯離開某個角色、不願被打斷某段劇情——那裡頭，通常藏著一個還沒被說出口的需求、或一段尚未被處理的情感。

遊戲，是孩子內在情緒的出口，也是他們試圖理解世界的方式。身爲大人，我們要做的不是「改變他怎麼玩」，而是用心觀察、陪伴，進入他們的世界，然後用故事、角色與愛，溫柔地引導他慢慢長大。因爲當一個孩子被理解，他也會開始理解自己與他人。

1-2

透過遊戲，看見孩子的亮點與困境

從暴衝到等待：界線的第一課

回想我第一次見到牛牛，他在走廊上橫衝直撞，渾身充滿能量。他是眞誠的孩子，有話直說、直來直往，完全靠直覺在行動。

最讓媽媽頭痛的，是他面對「拒絕」和「等待」時的反應。一旦被說「不行」或「等一下」，他就像被按下爆炸按鈕，馬上摔東西、大哭大鬧。對他來說，規則就像是一種拒絕，而拒絕，是他完全無法承受的情緒刺激。

要牛牛在上課前等五分鐘，幾乎是不可能的任務。他總是迫不及待地想衝進教室，彷彿多等一秒就會錯過全世界。但我知道，我和牛牛的劇本，不是從教室內開始，而是從教室外的等待開始。他不只難以忍耐，更對「不能馬上做」這件事沒有準備。他還沒有發展出調節衝動的能力，因此，我必須設下清楚的界線，讓他知道，什麼時候能開始，什麼時候還要等。

我站在教室門口，對他說：「我知道你已經等不及想進來了。不然我們來數數，好嗎？我們一起數到二十，數三次，等數完就可以開始囉。」

這樣的引導，對牛牛來說非常關鍵。它不只是讓他「等一下」，而是讓他在等待中有事可做，有節奏可抓，慢慢練習什麼叫做規則、什麼是妥協，還有——什麼叫做自我掌控。

牛牛就像個小泰山，渾身充滿能量，想停都停不下來。你要他安靜坐好，他不但做不到，還可能因爲被壓抑反而更失控。所以，不是要他靜下來，而是要讓他練習「怎麼慢下來」。最有效的方法，就是把這變成一場遊戲。你可以請他配合簡單的指令，比如像烏龜一樣走、數完3才能出發，讓他在遊戲中練習控制速度。透過這樣的遊戲設計，孩子會慢慢找到自己能調節動作與情緒的節奏，在動與靜之間，建立自我控制的能力。

當規則變好玩，孩子就願意參與

好玩的遊戲，是值得等待的。只要給孩子一個節奏，像是數數，一起倒數、一個儀式感的小練習，他就能從中慢慢建立「等待」的能力。我和牛牛的等待儀式，就這樣一點一滴累積起來。每次他想衝進教室時，我就邀請他「先一起數到20」，這個小小的橋段，像一段暖身劇本，幫助他為進入教室做心理準備。三個月後，牛牛從那個會暴衝破門的小泰山，變成會坐在椅子上等待我叫號的孩子。這就是界線的力量，不是壓制他，而是幫他找到可以控制自己的方法。這齣等待的劇本，讓他學會了解界線與掌控自己的行為。

進入教室後，我把在生活中使用的小儀式也帶了進來。每次遊戲開始前，我會問他：「現在等候的心情是什麼呢？」讓他說出情緒，並與我有眼神交流。情緒說出口後，我會鼓勵他：「哇，你好努力在練習等待耶！雖然有點不開心，但你已經不像以前那樣亂摔東西了，越來越會照顧自己的心情了！」

這個暖心的開場小儀式，慢慢穩定了他的衝動，也提升了他的自我管理能力。

牛牛在人際互動上常被貼上「不討喜」的標籤，其實核心在於調節衝動，以至於「界線感」不足。他難以遵守同儕的遊戲規則，但如果我們能透過他喜歡的遊戲，在好玩的情境裡幫助他練習，人際表現自然會跟著改變。

量身打造的情緒劇本，在遊玩中學會自我控制

我爲他設計了一齣量身打造的「情緒劇本」。他喜歡丟球，我就從這裡開始。遊戲規則很簡單，丟球前要站定位、看著我、一起數到1、2、3，才能丟出球。一開始，他的小身影總是在教室裡亂竄，急著把球丟給我。但慢慢地，他明白了：只有當他站對位置、做好準備，我才會接他的球。

當他沒做到，我也不責備，只說：「哇~差一點點，我超想接到你的球耶，我們再來一次好嗎？」在一次次練習中，他開始用身體去「記住」什麼是適當的行爲，也漸漸感受到，站對了、等對了，就能享受成功的快樂。

這正是心理學裡的「正增強作用」：當孩子的行爲被立即的愉悅情緒獎賞、強化，他會更願意重複這個行爲。他學會了等待，也保有了玩球的快樂。這個過程，比單純說教還要有效百倍。當然，他一開始也會躁動、不耐煩，但我仍會給予正向

引導，像是：「我們一起數1、2、3再丟球吧！」我接到球後再丟給他，當他接到時會開心地跳起來，手舞足蹈，有時還會衝過頭忘了站回定位。但沒關係，孩子不是機器，過程中本來就會有忽略與偏離，我只需要溫柔提醒，他就願意回到劇本中再試一次。

我：「哇~你眞的很喜歡接到球的感覺對吧？還想再玩一次嗎？」

牛牛：「要！」

我：「那快快站到這裡來！」（指著位置）

他就咚咚咚地衝過來，有時還會衝太快撞到我呢！

我太懂父母那種「理智線快斷掉」的感覺了，工作壓力、家事壓力、孩子又反覆犯規，情緒怎麼可能不爆炸？但牛牛的例子讓我深信：當規則變成好玩的劇本、當孩子的內心戲被我們讀懂、當正向回饋取代了責備，小泰山都能被引導出穩定與自律。所以，父母們可以思考如何把孩子「做不到」的事劇本化？當孩子學會設立界線、懂得等待，這就像公司有了運作系統，不需每件事都親力親爲，只要偶爾調整方向，孩子就能靠自己往前走。

透過遊戲互動，孩子開始懂得關注他人

隨著牛牛練習了大約一個月，我開始進一步深化這齣「情緒劇本」。

我：「牛牛，我們一起向右走三步，然後你再把球丟給我，好嗎？」他興奮地回應：「好！」我們一同踏出三步，站定後對視，那一刻，我從他眼裡看見了期待與信任。我點了點頭，他也跟著點頭，然後開心地把球丟給我。接著我說：「這次換我囉！我們一起向左走三步，然後我丟給你，你接住喔！」

他立刻回到原位，準備好接球。當球穩穩落入他手中，他興奮得在原地轉了好幾圈，像個歡樂的小陀螺。

這場看似簡單的「三步接球遊戲」，其實正悄悄地在教他：什麼是等待、什麼是同步、什麼是界線。從一開始的橫衝直撞，到現在能「動中有靜、靜中帶動」，牛牛逐漸找到節奏感，也發展出人際互動中最關鍵的能力——關注他人。當遊戲的規則成為一種「有起點、有暫停、有結束」的結構時，孩子不只學會遵守，也學會留意對方的步伐與感受。這，正是「關懷」與「傾聽」的起點。

有一次，他媽媽驚喜地對我說：「上次在商店，他竟然沒吵著要買玩具，我說今天不能買，他竟然說：好吧，那下次再買。對比以前他會坐在那邊大哭，他真的改變好多！」原來，他已經開始把教室裡的練習，默默地應用到生活中。有一天放學後，牛牛和媽媽經過公園，他忽然問：「媽媽，你今天要工作嗎？」「要啊。」媽媽回答。

「那你幾點要去？」「四點。」

萬叔教養心法

孩子對規則的理解，常常不是透過口語的敘述，而是要經由關係中的體驗來學會。在遊戲裡，他們會自然流露出是否能等待、輪流、尊重他人。這時候，大人若能走進孩子的情緒劇本中，以正增強的方式陪他一起玩、一起練習，就能讓孩子在遊戲中體驗什麼是結構、什麼是界線。不是靠責備教出規則感，而是靠陪伴活出節奏感。

透過這樣的互動，孩子學會：等待與輪流、看見他人的需求、在共玩中達成共識。當遊戲有清晰的開始與結束，孩子的內心也就漸漸建立起：「什麼時候該前進、什麼時候該停下」的能力。

牛牛想了想，然後說：「那我們可以去公園玩一下下嗎？」

媽媽笑著回：「好啊，但只能一下下喔。」那天，牛牛真的說到做到，玩了一會兒就主動牽著媽媽走出公園。

媽媽回家後感動地說：「他以前從來不會管我的行程，也不太守承諾。但現在……他居然會考慮我的時間，還會主動配合，真的好不一樣！」是的，牛牛把在劇本中練習的技能——等待、衝動情緒調節、界線感——帶回了真實生活。透過這個「1 2 3 丟球」的情緒劇本，他不只是控制了衝動，更慢慢開啓了自我覺察的大門。他開始理解自己，也更能理解別人，這讓他在學校交到了更多朋友，也讓他和媽媽之間的關係，越來越靠近。

這不只是學會規則，更是學會了連結。

解讀孩子內心的隱藏劇本：孩子不是任性，而是在呼救

六歲的鎖華，敏感又充滿能量。她的情緒像天氣一樣變化莫測、喜怒無常，有時像女王般指揮大人，若不如意便大哭大鬧，讓家中長輩頗為頭痛。即便想了解她

的心情變化，卻常常得不到答案。第一次見面，我問她：「妳喜歡什麼卡通角色？」她毫不遲疑：「艾莎！」那個能用冰雪凍結世界的女王。我們一起翻著《冰雪奇緣》的繪本時，她突然對我做出「凍結」的手勢：「我要把你凍住！」我馬上配合，假裝被冰住一動不動。她大笑不已，接著喊「解凍！」我再度動了起來。她反覆喊著：「冰凍、解凍、冰凍、解凍！」

這個看似無厘頭的遊戲，她玩得不亦樂乎，我也成了她情緒劇場中的傀儡。

我開始思考：她爲什麼這麼著迷於「控制」與「解除控制」的情節？在這場遊戲裡，我被她一再凍結、解凍，毫無反抗餘地。她笑得燦爛，那笑容背後卻藏著一股深深的渴望，掌控的渴望。這樣的控制慾，從哪裡來？

後來我得知，鎖華正面對父母離異。她的生活充滿變動，最讓她痛苦的，是爸爸時常承諾來看她卻失約。對她來說，這世界已經開始「不可信、不能控制」。而在遊戲裡，她終於能操控一切！凍結你、解凍你，讓世界照她的節奏前進。這不是她在「捉弄我」，而是一種深層的心理投射：她無法控制現實，就在情緒劇本裡創造一個她能主導的世界。這場冰雪遊戲，成了她情感的出口。

她不是有意讓我不舒服，而是透過角色扮演，把壓抑的痛苦、安全感的匱乏、對爸爸的思念，無意識地傳達出來。

而我，成了她劇本裡那個被她掌控的角色，也或許，成了那個她最想要挽回的父親。這時我想，如果她的爸爸能看見這齣劇本，也許會明白：這孩子的「任性」，其實是失落；她的「控制慾」，其實是無力；她的「冰凍魔法」，其實是一次次的呼救。

萬叔教養心法

當孩子在遊戲中展現攻擊性或強烈的控制慾，往往不是故意「壞」，而是在現實生活中感到無力、失控或承受壓力的表現。

透過情緒劇本爲孩子打造一個安全的心理舞台，讓他們有機會重新掌控那些令他不安的情境。在這樣的互動中，大人不是壓制情緒，而是陪孩子演出情緒、感受角色、重建信心。孩子眞正需要的是被理解，不是被糾正，是被陪伴去「改寫劇本」。

1-3

從遊戲到角色扮演：孩子的社會化排練場

團體遊戲是縮小版的社會，幫助孩子學習與人相處

當遊戲加入情境、角色與情緒，它就不只是遊戲了，而成了一場戲。

還記得前一篇的小女孩鎖華所創造的「冰凍與解凍」戲碼嗎？那就是孩子情緒劇本的雛形。簡單說，戲劇是遊戲的進階版，我們會在後面深入解析這個觀念。但現在，讓我們先從一個簡單又好玩的遊戲開始，看孩子如何在其中自然展演他們的內在角色。

在遊戲中，孩子像是在經營一個縮小版的社會。他們學習與人相處、溝通、情感互動，甚至在衝突中協商與妥協。有時，他們也會經歷友情的建立與破裂，學會

道歉、修補，甚至體驗「站在對立面」的感覺。這些情緒與角色的流動，正是孩子社會化過程中最眞實的排練場。不是在課本裡，而是在他們親手創造的舞台上，一點一滴地學會「怎麼成爲人群中的一員」。

我很常帶一個簡單卻富有深意的團體遊戲，適合國小高年級以上到成人。規則很簡單：參與者不說話，只能用團隊肢體合作排出指定的形狀或文字。一開始可能是正方形、圓形；再進階是簡單的中文字，甚至挑戰像愛心、不規則圖形，或更複雜的結構字。遊戲看似簡單，其實正是觀察孩子如何「非語言合作」、如何溝通與協調的絕佳場域。

在帶領這些遊戲的過程中，我觀察到孩子會自然流露出各種不同的角色特質。爲了讓大家更容易理解，我整理了幾種常見的角色，並借用《哆啦A夢》中的人物來說明。

打破規則者（rule breaker）

在無聲合作遊戲中，孩子最大的挑戰之一，就是「忍住不說話」。

胖虎，是我們班上最有主見的孩子。個性強勢，常常自帶領袖氣場，像是個小霸王。那天，遊戲一開始，他就忍不住大聲喊話：「你站這邊！快一點！」完全無視「全程不能說話」的規則，像個小霸王掌控全場。我走向他，語氣溫和但堅定：「胖虎，我看到你剛剛在指揮同學喔。不過，我們不是才一起說好這場遊戲不能講話嗎？」

他撇撇嘴，有些不服氣地說：「可是我想幫大家快點排好啊，不然一直亂。」我點點頭，笑著說：「我懂了，你不是想搗亂，是想幫忙。那你是我們今天的『任務推進小隊長』耶！但這遊戲的難度就在『不說話也要完成』，你願不願意挑戰看看？」胖虎一聽，眼睛亮了起來：「我要挑戰！而且我一分鐘內就能完成！」我拍拍他的肩膀：「這才是我們的小隊長！」

當孩子從「違規者」轉變成「挑戰者」，不但保留了他的企圖心，也讓他學會在規則中找到自己的位置。這就是我們透過設計遊戲、轉換角色，引導孩子理解：守規則，並不代表壓抑自我，反而是讓你被信任、被尊重的開始。

除了喜歡掌控場面的胖虎，還有像小夫這種急著完成任務、卻偷偷違規協調的類型。那天，我注意到小夫在活動中跟同學偷偷講話。我走到他身邊，輕聲說：「小夫，我看到你剛剛有講話喔，其實大家也有注意到。這跟我們剛才約定的不太一樣，對吧？」他有點緊張沒說話，我補了一句：「是不是因爲你很想快點完成任務，所以才忍不住提醒大家？」他點點頭，小聲說：「對啊，我只是想讓大家快點排好正方形。」我笑著說：「你的積極我有感受到，有沒有可能我們換個方法？我們說好了不講話，那你覺得不說話，還有什麼方法能幫助大家？」

他想了一下，眼睛一亮：「我用手比方向好了！」

「太棒了！」我立刻肯定他，「你馬上就想到一個符合規則的做法，而且還能幫上大家。」這時我看到胖虎也在旁邊，就邀請他一起來協助小夫領導大家。

原本偷偷講話的兩個「違規者」，變成了全班的合作領導者，連其他原本也不守規則的同學，也跟著投入進來。我順勢對全班說：「來吧，我們來挑戰看看，一分鐘內完成這個任務，你們行不行？」孩子們一下子就進入狀況，團隊氣氛也完全轉變。這就是當我們願意站在孩子的角度，不是急著糾正，而是先看見他們背後的用心與焦慮時，改變就會自然發生。從違規到合作，從焦躁到賦能，改變不是因爲被罵，而是因爲被理解。

當我們站在孩子的角度與他們進行溝通時，許多看似複雜的問題其實就能輕易解決。胖虎不僅沒有因爲被指責而感到挫敗，反而因爲找到了新的方法而感到自豪，這就是「賦能」的力量。以下是我常用的四個關鍵步驟：

1 描述現象，而不是指責

我會說：「我發現你剛剛有在跟別人說話，其實大家都看得到喔。」

這句話沒有責備，也沒有貼標籤，只是單純把觀察到的事實如實描述出來。孩子需要被看見，不是被定罪。

2 重申規則，從共同承諾出發

接著我會補一句：「這跟我們剛剛說好不講話的規則有點不一樣喔。」

不是用「你應該」的語氣壓下去，而是從遊戲本身的規則出發，提醒他，這不是大人要你聽話，而是我們一起答應過的。這樣的語氣會讓孩子比較容易接受，也比較願意調整。

3 說出孩子的內心戲

我會試著這樣說：「我猜你是想要幫大家快點完成任務，對吧？」很多時候，孩子打破規則，並不是要搗蛋，而是出於一種急切的「想做好」。像胖虎，就是因爲太想贏、太想幫忙，才會忍不住出聲。當我先說出他的動機，他不但感受到被理解，也比較不會立刻反彈或啓動防禦模式。理解，是讓孩子卸下對立的第一步。

4 對孩子的行爲展現好奇

然後我會問他：「那你當時這樣做，是怎麼想的呢？」這一句，是眞正建立對話的關鍵。因爲你會驚訝地發現，孩子做的，和你以爲他想的，往往是兩回事。很多誤會，都是因爲大人太快下結論，卻沒眞的聽孩子說完。我知道有些家長會說：「我沒時間慢慢問啊！」但我也會想反問：「那你希望時間花在哪裡？」我們多花五分鐘好好聽孩子說話，可能會省下五十次的吼叫與衝突。不是因爲孩子變乖，而是因爲他開始相信你聽得懂他的內心情緒小劇場。

所以，別忘了常常問自己這兩句話：「我眞的了解孩子在想什麼嗎？」「我有靜下心來，好好問他爲什麼這麼做嗎？」

理解的力量，往往來自我們願不願意停下腳步，走進孩子內心的情緒小劇場。當你願意多花幾分鐘與孩子同頻，不僅能解開眼前的衝突，還能爲未來的親子溝通打下深厚的基礎。時間，是對親子關係最值得的投資。

回顧我與胖虎、小夫的互動，這其中有三個關鍵：

1 賦能：先看見動機，再引導方法

當胖虎承認自己焦急想幫助大家完成任務，我沒有急著糾正，而是先說出他的心聲：「我感覺你想快點完成任務。」並加上一句關鍵肯定：「我很欣賞你積極的態度。」焦急與積極這兩個情緒，常常只是同一種力量的兩面。我們要做的，不是壓抑，而是引導。

2 肯定：讓轉變被看見、被肯定

當胖虎願意調整策略、用手勢來溝通，這就是一次重要的行爲轉變。我在全班面前強調他的努力，而不是揭露他的錯誤，讓他在團體中被看見，也讓團體開始相信他。

3 擴散：用一個孩子的正向轉變，帶動整個團隊

小夫原本也是規則破壞者，但當我請胖虎協助他時，改變自然發生。你不需要苦口婆心勸說，只要借力使力，讓孩子彼此影響。這就是「用團體動力影響角色」，讓團體自我運轉。

賦能的眞諦不是講道理，而是用理解、角色轉換與團體力量，讓孩子在實際情境中完成自我修復。你會發現，孩子一旦被看見、被信任、被肯定，就不再需要用破壞規則來證明自己。他們會主動靠近關係，進入合作，甚至主動帶動他人。這就是社會化角色的沉浸式學習，也是讓孩子在遊戲中成長、在互動中綻放的關鍵力量。

邊緣人物（outsider）

在團體遊戲裡，總有幾個孩子默默地站在邊緣，像被世界關靜音。他們低著頭、眼神飄忽，彷彿一切與自己無關，就像《哆啦A夢》裡的大雄，總是靜靜地站在一旁。那天，我注意到大雄就站在教室角落，沒什麼表情，也沒有參與其他孩子的活動。我沒有直接叫他，而是用了個小技巧，賦能他所在的位置，而不是「他這個人」被點名。我笑著對那一區的孩子們說：「哇，這一區的同學超有活力耶！要不要來挑戰一下？你們能多快排出一個小寫的字母a？」大雄微微抬起頭，眼神閃了一下光，但還是猶豫。

他旁邊的同學已經開始熱烈討論，還自然地拉著他一起加入。其中一個孩子問他：「大雄，你覺得我們要怎麼排比較快？」他愣了一下，然後低聲說：「也許我們可以先排出上半部，再排下半部，會比較快。」孩子們立刻採納他的建議，大雄看著大家照他的想法行動，臉上露出難得的笑容，眼神也變得專注起來。那一刻，我在心裡偷偷替他拍手。

他不只參與了活動，還用行動證明了自己在團體中社會角色的價值。

人是社會性的動物，孩子也一樣。只要有一次被接納、被需要的經驗，他的心就會打開一扇窗，開始走向世界。

有些孩子不是不想參與，而是還沒找到入口與適合他的方法。這時候，與其用「關心」針對他個人，不如借力使力，讓團體的動能帶他一把。只要他在合作中感受到溫暖與成就感，他就會慢慢從邊緣角色走向中心，而那一步，往往就是孩子社交成長的起點。

領頭羊（leader）

與邊緣人物相對的，是那些願意站出來、協助團隊完成任務的孩子。我們常說他們是「領導者」，但真正的領導，不在於聲音最大、指令最清楚，而是在混亂中，願意多做一點的人。

這個轉變，我在一次無聲合作遊戲中，看見了大雄的不同。那天，我請全班用不說話的方式排出一個複雜的中文字。孩子們一開始手忙腳亂，彼此碰撞、試圖比劃方向，場面一片混亂。就在這時，原本總站在角落的大雄，突然走到人群前方，開始比出簡單清楚的方向手勢。他沒有發號施令，也沒有拉人移動位置，但他的動作乾淨俐落，眼神充滿目標感。

孩子們自然而然開始看向他、跟著他。他沒有喊出「跟我來」，但他比任何人都更像一位眞正的引導者。

領導力被喚醒的時刻

我想起漫畫裡一個大雄的故事——

大雄的生活一如往常，躲在哆啦A夢身後、依賴百寶袋、習慣被胖虎欺負，他並不滿意，但至少覺得安全。直到有一天，哆啦A夢帶來來自未來的任務：去迷宮中拯救一件關乎世界和平的寶物。

「我？怎麼可能？」大雄手抖著，作業本掉在地上。哆啦A夢拍了拍他的肩膀：「有些事情，只有你能做到。這一次，我不能幫你太多，你得自己面對。」那天夜裡，大雄輾轉難眠。那句話在腦中反覆播放：「你必須自己去面對。」

隔天早上，他終於抬頭說：「好吧，我願意試試看。」

冒險旅程開始後，並不順利。當迷宮的陰影與挑戰籠罩而來，靜香忽然看向他，小聲問：「大雄，我們該怎麼辦？」他從沒被這樣信任過。從那一刻起，他選擇不再逃避。

他開始安排隊形、分配任務，帶著大家解開謎題，一步步邁向終點。當他們打開石門，裡頭不是寶物，而是一面鏡子。大雄看見的，不再是懦弱的自己，而是那個有判斷力、有行動力、有勇氣的自己。

哆啦A夢說：「這就是寶物。你找到了真正的自己。」

這場冒險，其實早已在教室中悄悄開始。那一場不說話的協作遊戲，就是大雄人生第一場「靜默的領導試煉」。沒有人給他指令，也沒有人把他推出去。是他自己，在沉默中選擇了一種姿態——出手、帶領、承擔。這也是我們想給孩子的訊息：領導，不只是站出來說話，而是能帶著大家走得更遠。而這份力量，原來從一場遊戲中，就能悄悄長出來。

孩子的領導力，不一定要表現在舞台上、口才上，有時是從一次勇敢的選擇開始，慢慢長出影響力。如果我們願意給孩子機會、讓他們感受到「被需要」、「被信任」，就能打開他們內心的那扇門，讓領導力不只是天賦，而是可被培養的能力。

在和孩子們一起工作的過程中，我越來越確定一件事：每個孩子都有潛力成為領導者。關鍵不在於他一開始就多厲害，而是──他有沒有被允許去帶領？有沒有在帶領中找到自己的力量？

熱血帶隊的問題學生

阿強是一個曾經被貼上「問題學生」標籤的男孩。他個頭高高的，總給人吊兒郎噹、不太在意規矩的印象。上課愛講話，常惹老師生氣。你很難把「領導者」這三個字，跟他聯想在一起。直到那次遊戲中孩子們亂成一團，誰也不知道該怎麼辦。就在那個混亂的時刻，阿強突然站出來，拍了拍手說：「來！你去那邊幫忙，我們這樣排比較快！」他的語氣不是命令，而是很自然地用一種「我來陪你們一起想辦法」的態度感染大家。不到幾分鐘，全班竟然在他的帶領下配合得有模有樣。那個總讓老師傷腦筋的男孩，居然成了現場最穩定、最能凝聚人心的角色。

我站在旁邊，像看一齣戲進入高潮般，心裡只有一個念頭：

他根本不是不負責任，他只是從來沒有被賦予「可以負責」的機會。很多時候，大人看到孩子搗蛋、偷懶、不積極，就急著貼標籤。但孩子不是不願意努力，而是我們常常只給他照劇本演的機會，卻沒給他參與編劇、扮演其他角色的機會。

溫柔引領的內向女孩

而「願意承擔」的樣貌不只有一種。有些孩子像阿強那樣直球出擊；也有孩子用溫柔的力量，在混亂中穩住大家的心。我記得有一次，我問孩子們：「誰想試試看帶領大家？」一個小女孩舉手，她的眼睛閃著光：「我可以嗎？」我說：「妳來看看要怎麼安排大家吧！」

沒想到遊戲一開始就卡關。有孩子說應該從上往下排列，有孩子說要從下往上。現場開始爭論不休，小女孩一臉困惑、站在原地，不知所措。

我走過去，輕聲提醒她：「領導者不是要最大聲的人，而是能幫大家找到共識的人。」她聽完後深吸一口氣，轉頭問大家：「那我們一起討論看看好不好？」從那一刻起，她不再是單純的指揮者，而是一個願意傾聽、願意協調的中心。後來遊戲中有個孩子覺得太難、差點放棄，她走過去拍拍他說：「沒關係，我們一起試試看，我相信我們做得到。」她沒有高聲吶喊，也沒有強硬要求，但她的信念像一盞燈，讓團隊在困難中繼續前行。

這兩個孩子，一個熱血帶隊，一個柔和引領，但他們的改變，都發生在我們讓他們「站到台前」的那一刻。領導力，不是從順從開始的，而是從被信任、被賦權開始的。我們常常說孩子欠缺責任感、不夠積極，但也許是因爲他們還沒碰過一個眞正讓他們願意承擔的情境。如果你給孩子一個劇本，他就會照著走；如果你邀請他一起創作，他會成爲故事裡最亮的主角。

我們的責任，不是要求孩子變成某種模樣，而是看見他們的潛力，放下對「乖與不乖」的框架，在對的時機，把對的位置、對的舞台，交到他們手中。讓他們知道：「你也可以走上前，照亮別人。」這就是領導力眞正的開始。

吃瓜群衆（crowd）

在一場孩子們的團隊遊戲裡，除了有領導者、搗蛋者、邊緣角色，最多的，往往是「吃瓜群衆」。他們像是社會裡的大多數人，不吵不鬧，但也不太知道自己爲什麼在場。也許，是被爸媽載來上課；也許，對課程的期待一片空白，缺乏參與的動力與方向。

有家長會問我：「老師，小明上課爲什麼常常發呆？」

我笑笑地回：「這很常見。孩子不是故意不專心，而是還沒找到讓他想『主動參與』的理由。」有些孩子剛來時，會在角落觀望，不太出聲，也不太加入。他們就像坐在看台上的觀衆，只是靜靜看著別人在舞台上演出。

這時候，我們的任務，就是引他們入場，讓他知道：這個舞台上，也有他的位置。「那我要怎麼做？」家長們總會焦急地追問。

我會說：「別急，我們會一點一點讓他看到，這不是爲了取悅爸媽而來，而是爲了自己能長出一點新的力量。」

當孩子感受到，原來我也能參與、有角色、有影響力，他們就會開始動起來，開始從旁觀者變成參與者，甚至，是未來的引導者。

跟隨者（follower）

在一個團體裡，除了吃瓜群眾之外，還有另一群關鍵角色——跟隨者。他們不像領導者那樣衝在最前面，但卻是最願意捲起袖子、實際動手做事的人。他們的執行力與參與熱情，往往是團隊能否啓動的關鍵。

有一次，我帶孩子們玩一場角色扮演遊戲，主題是「叢林探險隊」。小明被選爲隊長，但剛開始時，其他孩子只是圍觀，沒人眞的想動起來。「大家別光看啊，這次探險需要每個人的幫忙！」小明喊著。下一秒，小華跳了出來：「隊長，你說要做什麼，我來！」小明給他任務找地圖，小華一聽完，馬上就行動，翻箱倒櫃、東找西找。看他那副幹勁十足的樣子，原本躲在角落的小美也被鼓舞，說：「我也來！我去找工具！」

一個人帶動一群人，短短幾分鐘，整隊孩子就活了過來。小華不是主角，卻是那個讓舞台眞正開始運轉的人。他的積極參與，不只成爲隊長的好幫手，也悄悄點燃了原本觀望的孩子心中的火苗。所以別小看這些默默跟隨的孩子。他們雖然不搶風頭，卻用行動撐起了整場遊戲。有時候，一個像小華這樣的跟隨者，帶動的力量，甚至比領導者還大。

在戲劇心理學家羅伯特．藍迪的理論中，每個孩子在團體中所扮演的角色，不論是領導者、跟隨者、邊緣人物，甚至是吃瓜群眾，其實都是「社會化角色」的一部分。而這些外在行爲的角色，其實也呼應著我們內在角色的組成。

我們每個人心中，都像是一個小劇團，裡面住著一整隊的角色。有的時候是那個勇敢衝第一的指揮官；有時則是願意支持他人的幕後推手；也可能是那個想靜靜觀察、不想被打擾的小人物。這些內在角色，在我們生命的不同情境中輪番登場，交織出我們的行爲、情緒與決定。

正因如此，讓孩子有機會體驗並練習這些不同的社會角色，其實是在幫助他們與自己的內在角色建立連結。這不只是社會適應的訓練，更是自我認識與整合的重要歷程。

我們不需要要求孩子永遠當領導者，或者總是積極表現；關鍵在於他是否能察覺自己此刻在團體中的位置，是否能接受那個角色，並在需要的時候，靈活轉換，學習新的姿態，讓團隊邁向更好的方向。

因爲眞正的成熟，不是固定在一種角色裡，而是能在不同的情境裡找到一種「彈性中的平衡」。

這也正是我們用戲劇心理學陪伴孩子的初衷，不是要把他們變成什麼樣的人，而是讓他們學會看見、接納、甚至善用內在的多元角色，進而在現實世界中找到最自在、最發光的那個自己，因爲唯有認同自己所處的角色，孩子才有可能在現實生活中建立起一種「足夠好」的自我感。這樣的覺察，才是通往眞正社會化、成熟與穩定的開始。

家長如何協助孩子找到自己的角色？

很多時候，孩子在團體中的角色是會讓家長焦慮的：「爲什麼我家孩子都不發言？是不是太沒主見了？」「他怎麼總是想當老大，好像控制慾很強耶……」「老師說他都坐在旁邊發呆，這樣怎麼學會合作呢？」

但其實，這些行爲本身沒有對錯，它們只是孩子在嘗試「定位」自己，摸索自己的內在角色。身爲家長，我們可以做的，不是急著幫孩子貼標籤，而是溫柔地陪他練習角色之間的流動。因此，父母可以這麼做：

- **陪孩子一起回顧今天扮演了什麼角色**：「你今天在班上的活動裡，是帶頭想點子的那個嗎？還是幫忙執行的？你覺得怎麼樣？」
- **用戲劇遊戲幫助他體驗不同角色**：讓孩子有機會「演」別人的位置，例如當領導者、當支持者，甚至當觀察者。
- **分享自己生活中的角色轉換**：讓孩子知道，連爸媽也不是一直都在發號施令，有時我們也會學著當個聆聽者、協助者，這樣他們會更安心角色是可以換的。

當孩子知道：「我不必每次都表現最好、說最多話，也不代表我不被喜歡。」這份安全感與彈性，會成爲他日後在人際互動中最珍貴的底氣。

就像一齣戲一樣，每個角色不論主角、配角都有他存在的意義，而舞台的精彩，正是來自於這些角色的互補與流動。

萬叔教養心法

有次和一群家長談孩子，我說:「這些看似打發時間的遊戲，其實是孩子練習社會化的重要舞台。他們在遊戲中學習社會化、學情緒，學如何與人相處。」

一位媽媽說她希望兒子成爲領導者，我笑著問：「那是孩子想要的，還是你想要的？」她愣了一下，反問：「但當領導者不是比較好嗎？」

我回答：「每個階段都有意義，沒有一種角色最好，重要的是他是否自在，是否被看見。」

接著，我分享了喬安娜的故事：從前在英國，有個叫喬安娜的小女孩，不愛跑跳，喜歡獨自看書。家人擔心她太孤僻，鼓勵她多參加社交活動。

「那她改變了嗎？」一位家長問。

我笑著說：「她沒有改變，還是那個愛寫故事的女孩。但有一次，她參加寫作比賽，得了第一名，大家才發現她的天賦。」後來，她繼續寫作，完成了一本小說，結果一炮而紅。她，就是《哈利・波特》的作者：**J.K.** 羅琳。

這個故事提醒我們：孩子不需要符合大人的期待，只需要被看見、被支持，在適合自己的角色裡閃閃發光。他們的未來不該是我們安排好的劇本，而是他們自己編織的舞台。我們能做的，不是選角，而是陪他們排練，陪他們站上自己該站的位置。

專欄

你家也有小泰山嗎？

前面故事中的牛牛，是否跟你的孩子有點像呢？

你是不是很想知道，自己家的孩子，是否擁有「小泰山」這種充滿能量、行動派、勇往直前的人格特質？

測驗的目的

這個測驗不是打分數，也不是貼標籤，而是你了解孩子內心世界的第一步。我們希望你透過這份簡單的測驗，開始從「小泰山的視角」理解孩子的行爲、情緒與需求。

當你換了一個視角，就會發現——許多讓人頭痛的行爲，其實都是孩子內在人格特質的自然展現。讓我們多用一點心理學的眼光、多一點點同理的心，一起重新靠近孩子的內在世界。

請根據你日常對孩子的觀察來作答，用第一直覺選出最貼近他行爲的選項。如果你發現很難判斷，可以邀請另一位照顧者一起討論，不同角度能幫助你看到孩子更多面向。

測驗總共有五題，每題都是生活中常見的情境。

觀察任務：看看你家的寶貝有多愛冒險？

請你想像一下，孩子是你家裡的小小探險家，你是觀察隊長。接下來這幾個情境，就像是他每天可能上演的「小劇情」。根據你平常的觀察，請爲每一項選擇適合的分數（0～5分）並加總：

測驗

1 他像一枚火箭，總是在家裡跑跑跳跳，不停探索每個角落。

0　1　2　3　4　5

2 面對新活動、新挑戰，他眼睛會發亮，馬上躍躍欲試。

0　1　2　3　4　5

3 他有時候像「自動加速器」，不太容易停下來，或容易太快做決定。

0　1　2　3　4　5

4 面對新環境、新經驗、新朋友，他幾乎從不怕生、不猶豫，行動力滿分。

0　1　2　3　4　5

5 你會發現他不太怕痛，跌倒、撞到、對大聲響都沒太大反應。

0　1　2　3　4　5

計分方式

5分＝幾乎天天上演這個畫面，強度很高

3分＝偶爾會出現，強度中等

0分＝很少或幾乎沒有發生

這一組問題觀察的是孩子的「活動傾向」與「感覺反應」。有的孩子充滿動力與探索慾望，有的則喜歡慢慢來、細細觀察。這些都沒有對錯，重點是我們了解孩子的「互動節奏」，才能找到陪伴他的最佳方式。註

總分解讀

你的孩子，有多少「小泰山」的能量？

22－25分：高度人格傾向：個性非常明確，爲主要觀察重點

18－21分：中度人格傾向：個性趨勢已具代表性，但仍受其他特質影響

17分以下：較低人格傾向：此特質可能只是某些情境下偶爾表現

小提醒

這套分數區間，是我們根據實際數據歸納出的「參考依據」，而不是貼標籤的工具。人格從來不是單一的，我們每個人都是一座森林，內心住著不只一位角色。在接下來的篇幅裡，你將遇見其他內在人格角色，一起走進孩子豐富的內在世界，理解他爲什麼這樣想、這樣做，並找到最適合陪伴他的方法。

小泰山的親職攻略

1 溫柔堅定，像一隻可以抱的泰迪熊

小泰山會不斷試探你的界線，所以你要學會「軟中帶硬」。一邊接住他的情緒，一邊畫出清楚的規則，建立信任與尊重。就像牛牛常常等不及上課，會一直跑來敲門，我沒有直接責備他，而是讓他學會數數字，同時我也設計了一個「等待的小儀式」，讓他坐下來和我眼神交流，說出自己在等待時的感覺。這個小小的練習，一次次地幫助他建立耐心與自我控制，也讓他知道：他不是被壓抑，而是被看見。

2 當他心裡的燈塔，而不是指揮塔

別急著糾正他的行爲，試著在他喜歡的遊戲或活動中，問：「你怎麼會想這樣做呀？」讓他習慣說出自己的內在想法，而不是一味用行動來表達情緒。記得有一次牛牛搶同學的玩具，還很生氣地說「我要先玩！」當時我沒有立刻糾正他，而是讓他在我們遊戲中「演」出那個搶玩具的角色，接著問他：「你那時候是在想什麼？

是很想玩還是有點怕輸不到你？」他後來居然自己說：「因爲我怕別人一直玩下去，我就沒機會了。」這就是自我覺察的起點。

3 每天都要放電！不然就等著他「爆電」

戶外活動、跑跳遊戲、體能挑戰……都是小泰山的專注力來源。別硬逼他安靜，先動起來才靜得下來，是他的自然節奏。牛牛一開始根本坐不住，每次要上課前都會在教室裡衝來衝去、翻桌椅。所以我安排了「任務型進場」的活動，每次讓他一來就先做動態的小活動，例如丟球１２３、跟著我跑跳，他放完電後，自然也比較能專心聽指令。

註

本觀察任務靈感來自美國兒童心理學家 Dr. Stanley Greenspan 所提出的「感覺處理與個別差異」概念，並重新改寫呈現以融入日常親子互動情境。

1-4 情緒劇本：心流＋戲劇＋遊戲，讓孩子在挑戰中培養心理韌性

《小王子》的作者安東尼．聖修伯里曾說過：「如果你想造一艘船，不要號召工人去收集木頭，也不要發號施令或分配工作，而是要教導他們，對一望無際的大海心生嚮往。」第一次看到這句話，我就特別有感觸。這讓我想起自己小時候創作的第一個「情緒劇本」：《熱到爆炸的回家路》。

那年我小學三年級，正值盛夏。高雄的陽光像火焰在空中燒，柏油路熱得彷彿能煎蛋。我每天放學後，都得獨自走兩公里回家。對一個小胖子來說，那簡直就是地獄版的奧運長跑。每走一步，汗就不講道理地狂噴；每經過一棵樹，我都想抱著它哭。最讓我難受的，是心裡那股沒人懂的委屈。我一邊走，一邊想：「為什麼沒人來接我？爸爸為什麼會去載妹妹？我就只能自己走嗎？」那些抱怨像太陽一樣，越曬越大，越走越煩，心情也越來越糟。

把痛苦無聊的放學路，改造成一場冒險的旅途

終於有一天，我心裡突然閃過一個念頭：「我每天都在生氣、抱怨，然後呢？這樣下去有什麼意義？」我心裡升起了一股念頭：「我想要，讓這條路變得快樂一點。」

就這麼簡單，我開始張開眼睛，看這條回家路上，有沒有什麼「樂子」可以撿起來。

然後我發現了一間文具店，一個充滿寶藏的地方，有小玩具、刮刮卡，還有那種只要花幾十塊就可能抽中大獎的遊戲。對一個零用錢只有一百元的小學生來說，那根本是城市裡的迪士尼樂園。

更重要的是，那些有爸媽接送的同學永遠沒機會進去，只有我，能獨占那幾分鐘的自由時光。我可以慢慢逛、慢慢看，一個人沉浸在我的小宇宙。

有一次，我參加了店裡的戳戳樂。那天我特別有預感：「這次我一定會中獎！」

當我戳下去的那一刻，真的，我中獎了！一把ＢＢ槍，對那時候的我來說，簡直是傳說級的神器。那天我開心得不得了！

從那天開始，我的回家路變了。

我不再咒罵太陽、不再數著還有幾步路才到家，而是開始期待：「今天會不會又有什麼好運等著我？」「我還能抽到那個超酷的機器人嗎？」

我的心情真的開始變好了，回家的路途也不再那麼可怕了。

但過了一陣子後，我發現就算能抱著玩具回家，心裡還是有點空。

「玩具再好，好像也填不滿我心裡的那種悶。」我心裡有個聲音說：「抽獎不是你能控制的啊！要是失望了，心情不就更糟？」

我問自己：快樂，是不是還有別的方式來創造？

於是，我又發明了新的遊戲：「既然回家的路非走不可，那我乾脆跑回去好了！」而且光是跑還不夠，我還刻意模仿奧運競走選手的模樣：屁股左右扭動，腳步飛快卻不能跑，看起來既有趣又輕鬆。

我擺動雙手扭動屁股，邊走邊笑，感受到久違的輕鬆與愉悅！當我第一次以競走姿勢順利抵達家門時，興奮之情難以言喻：「哈哈，我竟然找到一個又好玩又輕鬆的方法！」

那個炎熱的下午，我第一次從痛苦的回家路中，找到了「幸福感」。那種克服困境後的成就感，讓我覺得自己特別了不起！

然而漸漸地我又開始失去新鮮感，覺得無聊。於是，我決定做個小實驗：用卡西歐電子錶測量自己每天回家的速度。我從學校側門一踏出，便按下計時鍵。每次回家後，我都在筆記本上寫下成績，試圖每天都比前一天更快一些。

某天，我竟然只花了12分鐘就走完原本要走20分鐘的路程！當我停下腳步，盯著電子錶上的數字時，心中充滿成就感：「我做到啦！這感覺就像拿到奧運金牌一樣！」那種戰勝自己的喜悅，遠比抽中任何玩具更持久、更真實。

從此，我再也不覺得回家是一場折磨，而是一場自我超越的小冒險。每次挑戰自己的紀錄，我都感覺自己變得更強壯、更快樂，也更有力量。

情緒劇本的智慧：逆境其實是一場與自己的遊戲

這段經驗教會我一件重要的事：「面對逆境，最重要的不是逃避，而是如何為自己創造新的情緒劇本。」

生活總有挫敗、煩躁與空虛的時刻，但如果我們學會轉換視角，把困難變成一場遊戲，痛苦就能轉化為喜悅，挫折也能變成成長的動力。

你是否也曾像我一樣，困在負面的情緒裡？或許你正陪伴著孩子，走過他們人生中的某段艱難旅程？

試著為自己和孩子訂製一個「幸福的情緒劇本」吧！將原本枯燥、辛苦的事情、甚至是親子的衝突轉化成好玩的遊戲，發現那些潛藏在困境中的快樂與力量。因為人生，本來就是一段需要我們親自發揮創意創作的劇本。

從競走回家的冒險中，我歸納出了以下關鍵的智慧，幫助我從逆境中創造幸福：

1 進入心流：為自己設定適度挑戰的目標

起初，我以為文具店的抽獎機，能快速為我帶來幸福感。但很快的，我意識到只依賴外在刺激並不持久，內心很容易再次感到空虛。

後來，我進入了下一個階段：爲自己訂下一個適度挑戰的目標，像是競走回家，或者每天刷新回家路上的時間紀錄。「適度」的挑戰，至關重要。它不能太難，否則會讓你挫折到想放棄；但也不能太簡單，否則又毫無意義。這個微妙的平衡點，就是所謂「心流的甜蜜點」。

當你找到心流，你會感覺每一天都有期待、有挑戰；而當你完成目標，跨越了挑戰，你便能眞實感受到內在的幸福與成就感。這種持續挑戰自我的模式，就像賽門・西奈克（Simon Sinek）所說的「無限賽局思維」（Infinite Game）：「生活並不是一場短跑，而是一場永無止境的馬拉松。我們的目標不是贏過別人，而是每一天都超越昨天的自己。」當我理解了這一點，原本痛苦的回家路，變成了一段持續挑戰自我的冒險旅程。從此，我的心態不再消極抱怨，而是積極進取，並且充滿好奇。直到現在，每當我面對生活或工作中的挑戰時，我總會對鏡子裡的自己說：「這又是一個讓自己變得更好的機會！」透過學習與挑戰的正向循環，我們才能眞正活出一個充滿意義且豐富的人生。

2 角色轉換：開啟「相信」的力量

情緒劇本的第二個關鍵智慧，是我學會了「相信的力量」。

當我將文具店轉化成童話般的遊樂場，整條回家路就從乏味的折磨，變成了充滿奇幻色彩的冒險：每一個文具架，都是未知的驚喜；每一支筆，都變成施展魔法的道具；每一張紙，都是帶領我前進的冒險地圖。

而當我以滑稽的競走姿勢踏上回家路時，路邊的樹木彷彿成爲觀衆，高樓大廈則是我即將征服的巨大障礙。每次轉彎、每次過馬路，都成爲一次小小的勝利。外在的環境從未改變，改變的是我的內心。

當你開始「相信」自己的情緒劇本，生活裡每個平凡的瞬間，都充滿了無限可能性。相信，就像一把神奇的鑰匙，爲你打開嶄新的視野：「我不再只是走在一條回家的路上，而是在自己編寫的故事中自由穿梭。」

相信的力量，賦予了我把現實變成夢幻的能力。我從一個被動接受痛苦的孩子，轉變成主動創造幸福的冒險家。我不再只是觀衆，而是每個場景中的導演。這樣的心境轉變，讓我不再消極抱怨，而是積極地面對生活中的每一個挑戰，並從中找到

眞正的樂趣。

3 打造細節：把每個瞬間變成你的舞台

當我踏上每天和自己競賽的快走回家路時，街道瞬間變成了我的舞台，紅綠燈則像是專屬我的節拍器，每一步都踏出獨一無二的節奏。耳邊偶爾會傳來路人的低語：「那個小胖弟走得還挺快啊！」但我絲毫不在意，因爲此刻我的心，專注於屬於我的競賽與節奏。我彷彿是一本正在書寫中的小說的主角，每一步，都成爲劇本裡充滿意義的筆劃。隨著步伐加快，我發現那些曾經難以克服的事情，都逐漸被我甩在了身後。

當我停在紅燈前等待時，我也不再覺得不耐煩。紅燈，只不過是劇本裡的一個小插曲。我知道，燈號一變，我就會再次昂首前進，因爲這是我的故事，我是編劇、導演，更是主角。透過這樣的細節創作，每個看似平凡的日常瞬間，都變成充滿意義的舞台。生活再艱難，只要我們能主動創造情境並全心投入，內心的情緒也會隨之改變。這就是我學到的智慧：「生活裡的每個細節，都等待著我們去創作。當你開始創作，痛苦便會轉化爲自由。」

4 創造你的情緒劇本：進入心流的幸福感

「心流」是一種全然投入的狀態，當你專注地投入一項挑戰，不斷發揮全力，時間便會飛逝，你也會感受到深刻的滿足與幸福。試想你是否曾經有過一個瞬間，你完全忘記了時間，投入於你熱愛的事物中？那種成就感、愉悅感與情緒的穩定，就是「心流」帶給我們的幸福。

在我小學的回家路上，我對心流的體驗特別強烈：我把文具店想像成一個神奇的遊樂園，回家的路途變成了一場充滿期待的冒險旅程。當我踏上那條熟悉又陌生的路，所有的不愉快與抱怨都不見了，我的內心只專注於當下，專注於如何在路上創造出更多樂趣。當時我並不知道這就是心流，但回想起來，我清楚地感受到，這種「全神貫注」的狀態，正是我後來無論面對任何困境，都能從容不迫的重要關鍵。

透過這些經驗，我體會到：孩子們的遊戲，其實就是一種透過心流進入情緒劇本的創作。他們透過遊戲，將抽象的情緒具象化，並在角色轉換中找到面對挑戰的方法。因此，在親子教育中，當我們看到孩子沉浸在遊戲裡時，不妨引導他們將這份專注力與情緒探索的能力，運用到日常生活中。比如說：將害怕的事物轉化為一場英雄冒險；或是將無趣的課業，變成一場充滿挑戰的自我競賽。這些細微的情境轉換，能幫助孩子學會面對情緒，並在挑戰中感受到快樂與成長。

「專注於當下的每一步，將逆境發揮創意成爲遊戲，痛苦自然會變成快樂的養分。」這就是情緒劇本的魔法，透過創造與投入，讓我們在挑戰中培養出眞正的心理韌性。

用情緒劇本塑造未來：培養孩子積極的人格

情緒劇本不只是一般的遊戲，而是一種有意識、有目的的探索方式。透過它，孩子們可以：深入探索內在情感、學習面對和挑戰自我、強化自我意識與情緒表達能力、改善人際關係與處理壓力的技巧。

當我們在日常生活中有意識地設計，孩子們便能在面對挑戰時，感受到樂趣和期待，進而逐步建立起積極的情緒反應和行爲模式。

這裡所說的「積極」，並非只是膚淺的快樂，而是指從原本可能充滿怨懟與焦慮的狀態，轉化成積極面對挑戰、從容穩定的心態。

那麼，父母們可以如何在家庭中應用情緒劇本呢？

1 設計有目標的即興遊戲

你可以和孩子一起創造有趣且帶有挑戰的情境遊戲，讓他們在遊戲過程中探索自己的感受，並找到面對情緒與挑戰的方式。例如：

將害怕的看牙醫，轉變成挑戰魔王的冒險任務。

將枯燥的作業，變成一場「英雄解謎」的遊戲。

這些簡單的轉化，能有效提升孩子面對挫折的韌性與動力。

2 鼓勵積極心態的養成

當孩子遭遇困難或挫敗時，不要急著爲他們解決問題。相反地，試著引導孩子從困境中找到新的可能性與學習機會。透過情緒劇本，孩子會逐步學會：「困難不是失敗，而是讓自己成長的好機會。」這種積極的心態，將爲孩子未來的成長奠定堅實的基礎。

3 重視情感表達與心理健康

情緒劇本不僅能幫助孩子建立外在的適應力，更能協助他們更深入地理解與表達自身的情緒。當孩子能具體地說出自己的感受時，心理健康與人際互動能力也會隨之提升。例如，你可以引導孩子在遊戲中說出：

「當我感到害怕時，我會……」「當我感到生氣時，我需要……」

這樣的練習，能讓孩子從小養成覺察自我情緒與有效表達的能力。

給父母的叮嚀：你就是孩子人生劇本的共同創作者

每個孩子的內在世界都像一本精彩的劇本，而我們則是陪伴他們一起創作、探索的伙伴。我們要做的，就是爲孩子創造一個能夠自由探索情緒的安全環境，引導他們在適度的挑戰中，培養出強大的內心韌性與積極面對人生的態度。這種沉浸式、從體驗中學習的情緒教育方式，能夠幫助孩子在未來面對更多未知與困難時，展現出更多的智慧與勇氣。因爲眞正的成長，不是沒有挫折，而是懂得如何將挫折，轉化成自己人生中最棒的冒險故事。

第二章

透過遊戲，
進入孩子的內心世界

2-1

遊戲可以看出孩子的情緒、期望與煩惱

我小時候經常沉浸在積木和紙箱的世界裡。我會將它們堆疊起來，構建成一個城堡，然後再添加布偶和小人物，讓它們成爲城堡的守衛和居民。或許在父母眼中，這只是一個普通男孩的遊戲，但直到我接觸到了兒童心理學，我才意識到，當時的我建造這些城堡，其實是在表達我在不斷搬家的兒時記憶中，對一個穩定的家的嚮往和渴望，那是一種對家的守護意願。而這種情感也驅使我後來選擇了從事兒童心理工作。

因此，我喜歡與孩子一起上課，透過玩具和角色扮演的方式，來幫助他們表達內心世界中模糊、難以言喻，甚至無法用語言表達的情感。這樣做能讓他們練習表達自己，讓大人了解他們內心的感受，以及讓他們認識自己獨特的特質。

有時我會想，如果那個時候我的父母能理解我對家的擔憂，以及那些隱藏在城堡深處的情感，或許在我青春期的時候，與父母之間的關係就能更加順暢，不需要經歷那麼多曲折和困難。

孩子爲什麼老愛玩這種遊戲，有什麼原因嗎？

父母經常會面臨一個棘手的問題：孩子的行爲是否屬於正常範圍？一直玩積木代表了什麼？尤其是當父母看到孩子不斷重複著同樣的遊戲或行爲時，會聯想：孩子是否有狀況？這究竟是正常的發展還是需要關注的議題呢？要回答這個問題，就像是要了解蓋城堡的男孩一樣，我們需要更深入了解孩子的情況和背景。

當看見孩子不斷重複進行某種遊戲，首先我們可以問問自己，我們有機會先去感同身受孩子在這個遊戲中，他經歷的是什麼嗎？他在建構城堡時，帶著一種對家的渴望，守護家的心情，你對他這樣的行爲有什麼樣的聯想呢？

你可能會有很多想像：他幹嘛這麼喜歡蓋城堡？爲什麼要一直玩積木？玩點別的不好嗎？你開始會有很多擔憂，唯有一起跟孩子進入城堡中對家的渴望的情緒，你才有機會了解他的內心戲。因此，如果沒有親自去體驗一下孩子遊戲中的感受，我們是無法知道孩子的內心世界發生了什麼事情，也就不知道孩子在遊戲中投入的情感是什麼，他爲什麼會一直想要重複玩一樣的遊戲。

然而，要開始跟孩子玩遊戲，我們第一個會面臨到的情況是，要跟孩子一起玩什麼樣的遊戲？在遊戲中，我們可以發展出什麼樣的情緒劇本呢？這裡我提供兩個步驟：

第一步：根據孩子的發展階段，跟孩子玩，發展出適合他的遊戲。

第二步：加入孩子的情緒劇本，與他一起遊戲。

遊戲的發展階段

1 感覺動作階段

從八個月開始，你會發現孩子已經具備了一些能力，這時候他對外界感到好奇，主要會透過感官和身體去探索世界與遊戲。所以這時候準備一些能刺激感官、結合動作的遊戲很適合孩子，例如黏土就是一個很好的選擇。

2 組織階段

從一歲到兩歲間，孩子會發展出組織的能力，也就是孩子會把同質性的物品組織在一起。他們有能力辨別事物，並進行分類，例如把所有的球，不管是大球小球都放在同一個籃子裡。

3 功能階段

從兩歲開始，孩子不只可以組織，還可以辨別不同物件所代表的不同意義，並加以運用。例如狼與豬雖然都是動物，但是狼與豬算是屬於一種獵捕關係，孩子會有能力在玩動物園遊戲的時候，把狼與豬分開，並且安排在適當的地方。

4 假裝階段

兩歲到四歲左右的孩子，會發展出假裝的能力，孩

一歲到兩歲間

兩歲開始

兩歲到四歲

子會進行假想、扮演，假裝自己是老師、熊玩偶是學生，進行教學。這個能力非常重要，因爲這是奠定最終階段的基礎，孩子能透過假裝，學習換位思考對方的感受。

5 象徵性遊戲階段

在兩歲到七歲之間，孩子正在發展一種象徵的能力，是把物件擬人化、抽象化，賦予不同的意義。例如把紙箱當作海盜船，自己戴上紙做的帽子，用圓柱形的紙筒作爲望遠鏡，自己變身成海盜，展開一段冒險故事。

兩歲到七歲之間

透過上面的發展階段，父母可以去對應孩子的能力。試想，如果把適合四歲孩子的遊戲給兩歲的孩子玩，他會感到有興趣嗎？有時候父母會感覺到很挫折，那是因爲你也感受到孩子的挫折感。因此我們對孩子要有適當的期待，讓孩子在成長中學習。

孩子人格養成最關鍵的是創造對的環境，提供一個符合孩子發展階段的環境，把期待放對，對孩子來說才是最適合的，父母也不會感到很困惑。理解了孩子的發展階段會如何展現在遊戲中，你會發現有些孩子沒辦法投入，或是不專注，那就表示遊戲對他來說可能太挑戰，不夠吸引他，也就是沒有對應到他的發展階段。當我們了解孩子的遊戲階段，我們就可以去對應這些階段他適合發展出什麼樣的劇本。

熟悉了孩子在遊戲的發展階段，放對了期待之後，下一步就是我們如何加入孩子的遊戲中，跟他一起玩。

加入孩子的情緒劇本

小女孩心蕾的媽媽形容她非常害羞，對於陌生環境感到排斥與害怕，難以跨出自己的舒適圈。心蕾大約三歲，當我第一次見到她時，確實感受到她的害羞與不安。那天，她第一次來到教室，我的印象非常深刻。

門一打開，心蕾怯生生地站在門口，眼神飄忽不定。她的小手緊緊抓著媽媽的衣角，身體微微顫抖。她的目光在教室裡掃視著，彷彿在尋找一個安全的角落。每一個新的物體、新的臉孔，都讓她感到無比壓力。她的腳步很慢，一步一步地移動，像是害怕驚擾了什麼。

1 安全感的重要性

心蕾的媽媽輕聲安慰著她，鼓勵她進入教室。心蕾終於鼓起勇氣走進了教室，但她的恐懼似乎快要吞沒了她。她坐在一張小椅子上，低著頭，小小的身軀蜷縮在一起，雙手不停繞著衣角。她的眼神閃爍不定，不敢與任何人對視。

這時，很多家長可能會急於讓孩子參與活動，但對於心蕾這樣的孩子，我們需要先創造一個安全的環境，同理她的感受。讓她明白，害怕和恐懼是正常的，尤其是這麼小的孩子。

2 說出孩子的內心戲

我輕聲對她說：「心蕾，我感覺你到了這個陌生的環

萬叔教養心法

Less is more! 情緒劇本越簡單越好，遊戲也是。我們常常會用成人的角度來思考孩子的喜好，對孩子來說，簡單對他們來說容易入手、好投入，我們要站在孩子的角度去思考。

境，覺得很害怕，有點不知道該怎麼開始玩對不對？」當我說出她的心情時，心蕾的眼神中閃過一絲驚訝和放鬆。她抬起頭，略微打量著我，彷彿在確認我是否眞的理解她。雖然她沒有說任何話，我透過她的眼神理解到她是願意回應我的，這讓我了解到，我有機會再輕輕往前一步。

爲了減輕她的緊張情緒，我拿出了我們爲她準備的客製化情緒百寶箱，裡面有各種象徵著情緒意義的物件，心蕾的眼睛一下子亮了起來，她最感興趣的是黏土。她開始用小拳頭按壓黏土，慢慢地把黏土放在地上捶打。看到她這樣，我感到無比欣慰，因爲這意味著她正透過黏土釋放緊張的情緒。

3 適時加入

我輕柔地加入她的遊戲，跟她做一樣的事情，也開始揉捏黏土，把它放在手心中打壓。看似我們各玩各的，但實際上我已經開始融入她的世界。這不是刻意模仿，而是傳遞了我們在同一陣線，現在這對她來說是最需要的。

神奇的事情發生了，她看到我也在捶打黏土，開始用眼神與我交流。我也回望著她，感受到她漸漸打開心房。我做了一個大膽的提議，把我捏好的黏土球遞給她。

她起初並沒有接受，繼續拍打著自己的黏土。於是，我默默地，把黏土球放在她身旁，對她示意當她準備好了可以隨時拿起。

幾分鐘後，她拿起了我的黏土球，也把她捏好的球放在我的膝蓋旁邊。我們開始了一個互動的遊戲，這對她來說是非常關鍵的一步。孩子在這個年齡階段正在應用感覺動作，她透過這樣的遊戲找到了釋放壓力的方法。

4 突破心防，釋放情感

突然間，心蕾玩開了，她開始發揮創意把黏土放在自己的頭上，像戴了一頂小帽子一樣。黏土掉下來，她開心地大笑，我也跟著笑起來。這一刻，她不再害怕，而是開心擁抱這個新環境。這個情緒劇本傳遞了一個突破的意境——把面對新環境的壓力打扁，並勇敢面對它。

我也把黏土放在頭上，像是在說：「一開始我也感受到壓力，但現在我們一起面對它。」心蕾笑得更加燦爛，開始跳舞，甚至把黏土放在腿上和肩膀上。我們繼續這個看似無厘頭但充滿意義的情緒劇本，這對她來說是一次巨大的新嘗試。

不要預設立場，放開心胸才能與孩子開心遊玩

常常很多父母會問我，年紀小的孩子要怎麼玩？你會看到在這個過程中，我們沒有語言的交流，我讓心蕾帶領我進入她的世界，這樣我們才能眞正幫助她發展出適應新環境的方法，從而更好地面對未來的挑戰。如果你帶著既定的教案或想法來跟孩子玩，會很可惜，因爲：

- 沒有以孩子爲中心：孩子可能對你提供的教案或想法沒興趣，所以這就像是你把他拉進你的世界裡，但是跟孩子一起玩最重要的是，我們要進入他的情緒劇本，這兩個哲學觀是完全相反的。
- 失去看見孩子內心的情緒小劇場的機會：可能孩子願意跟你一起玩，但是你會失去了解孩子眞實想法的機會。因爲是孩子配合你，你並沒有走進他的內心，這麼做最大的遺憾就是你可能沒有辦法看見他眞實的狀態。

心蕾的故事是一個勇敢跨出第一步的故事，讓我們明白即使是最害羞的孩子，

也能透過適當的引導和陪伴，找到屬於自己的光芒。這個小小的突破，對她來說是一個巨大的成就，讓我與她的母親都爲她感到無比振奮。

萬叔教養心法

跟隨孩子的節奏進入遊戲世界

當孩子不願意參與集體活動時，最好的方式是進入他的情緒劇本，跟隨他們的節奏進行遊戲。像在心蕾的故事中，我先觀察她的反應，並選擇用黏土切入，透過跟她同頻一起做來減少她的緊張感，逐步建立信任。這樣的行爲不僅讓孩子感到被理解，也能逐漸幫助他們打開心房，從而勇敢地與他人互動。

2-2

在孩子的內心世界，父母扮演觀察者、玩伴、說書人

當我們了解如何加入孩子的情緒劇本後，下一步更關鍵的是：我們能不能眞正「融入」？能否以不批判的姿態，成爲一位懂得「陪玩」又能默默支持的養分提供者？這一篇要告訴父母們，可以在孩子的遊戲中扮演哪些重要角色，當你用這樣的態度走進孩子的遊戲世界，你會發現，孩子會因爲被眞正「看見」，而更安心、更自在地成爲他自己。

觀察者　玩伴　說書人

觀察者：用心觀察，貼心互動

很多家長一聽到「要跟孩子玩」，心裡其實會慌：「蛤？我又不知道怎麼玩，也搞不懂他現在在演什麼戲啊……」其實，第一步眞的不是衝進去玩，而是停下來，先當一個熱情的觀察者。當我們懷著好奇心去看孩子的遊戲行爲，就會開始收到很多重要的非語言訊息。

1 觀察能讓你看懂孩子的情緒訊號

你會看到孩子的「情緒風向」。例如，在心蕾的故事中，我一看到她走進房間不是蹦蹦跳跳，而是一步一步地觀望、猶豫，身體沒有完全放鬆，沒有馬上坐下來……這些看似不起眼的肢體訊號，其實在告訴我：她還在評估這個環境是否安全。所以，這時我選擇了一個她熟悉的、節奏緩慢的遊戲，避免我「自以爲熱情」地突然介入，反而嚇到她。只要你靜下心來看，你會知道孩子在告訴你什麼。

2 從觀察得到的訊息讓你知道如何行動

一旦你知道孩子的情緒狀態，你的行爲就會自然貼合。我放慢腳步、降低音量、給她選擇權。這些行爲在傳遞一個訊息：「我懂你，我不會逼你，我願意陪你等。」當你這樣對待孩子，孩子會感受到被理解，然後，他會開始信任你。

3 觀察孩子的行爲能爲你帶來靈感

不是所有的遊戲都要準備「腳本」，最有用的靈感，是從孩子情緒劇本中的行爲長出來的。你看到孩子怎麼選擇玩具、怎麼移動身體、眼神在追什麼，這些都在暗示他內在的渴望。只要你放下一定要做什麼的焦慮，你會開始「看見」那些訊息。

4 觀察能幫助你歸納出孩子的特質

就像心蕾，她不是單純的「害羞」，她是一種需要多一點時間適應世界的蘭花型孩子。她的慢熟，是因爲她比別人更細膩、更敏感，就像是我小時候一樣，這時，你不只是看到一個「怕生的孩子」，你看到的是她的特質——她的內心有一朵蘭花，只要給足安全感，她會開展出屬於自己的方式來迎接世界。

玩伴：不只是陪玩，而是進入孩子情緒小劇場的通行證

我曾經看過一個溫馨感人的影片，爸爸躺在地上，用雙手將嬰兒舉高高。父子倆對視，彼此之間洋溢著歡樂的笑容。爸爸只是把原本躺著的嬰兒舉起來，兩個人深情對視著，隨著爸爸左右滾動，嬰兒感受著從左到右的晃動和空間的變化，這種簡單的互動，讓嬰兒體會到一種與父親之間的特殊聯繫和遊戲的樂趣。嬰兒開心地笑了起來，而這笑聲也感染了爸爸，讓他感到無比快樂。嬰兒給了爸爸一個正向的回應，鼓舞了爸爸，於是他繼續重複著這個簡單的動作，他們倆就這樣開心地笑著玩著。

在很多教養文章中，「玩伴」常被定義為「陪伴孩子玩樂的人」，但對孩子來說，眞正的玩伴，是那個能進入他情緒小劇場的人。孩子的遊戲，不只是逗趣打鬧或重複動作。遊戲，是他們建構世界的語言。如果你能成為他的玩伴，不只是陪他玩，而是能理解他的遊戲邏輯、讀懂他編寫的「情緒劇本」，那麼你就有機會走進他的內心。

究竟，做為一個稱職的玩伴角色，有什麼核心任務呢？

1 **回應**：孩子拋出一個球（不論是語言、動作、表情），你能不能接住？玩伴不是主導者，是懂得「接住」並且回應的對象。你不需要發明遊戲，只需要在對的時間說：「我看到你在蓋一個城堡，好酷喔，我可以加一個塔來保護城堡嗎？」

2 **共演**：玩伴不是導演，是共演者。當孩子在扮演超人，你也可以戴起一條毛巾變身反派；他在煮飯，你就在旁邊裝作很餓的顧客。這不是假裝，這是用行動傳達：「我願意活在你創造的情緒劇本裡。」

3 **允許孩子當主角**：當你成爲玩伴，你就是孩子舞台上的配角。而當你願意當一個稱職的配角，孩子才有機會演出他的主場感，也就是：被看見、被需要、被肯定的感覺。

4 **情緒的同步調頻器**：孩子開心，你就笑；孩子受挫，你陪他皺眉。你不是指導他怎麼情緒管理，而是讓他在你的反應中，感受到：「我的情緒是可被接納、可被理解的。」

玩伴的本質，不在「玩」，而在「同步」。回想你曾經看過一幕讓你動容的親子互動，不是因爲用了多厲害的教具，而是那種情緒的同步感。那一瞬間，大人跟孩子的節奏對齊了，笑聲變成共鳴，眼神成了語言。這種同步，比任何玩具都能療癒孩子的孤單感。

萬叔教養心法

請放下「我要做得很好」的焦慮

很多父母在陪玩時，其實內心一直在盤算：「這有沒有教育意義？有沒有訓練精細動作？能不能引導他表達情緒？」但玩伴的力量，不在這些指標，而是——你是否在場，而且在當下。當你不再用大人的效率邏輯、成果導向，去評估每一場遊戲的「成效」，你才會發現，孩子根本不需要你「很會玩」，他只需要你「願意在」。

眞正的玩伴，不是教孩子怎麼玩，而是讓孩子相信，他值得被陪著玩。

說書人：將內心的情緒小劇場輕輕說出來

親子之間的互動，就像一場即興劇；每個眼神、動作和反應，都是劇本中微妙的轉折點。然而，幼兒的內心世界往往很複雜，像是一齣沒有台詞的默劇。他雖然感受到某些情緒，但他還無法明確地「說出」那些感覺，他需要你替他說出來。這就是父母要扮演的「說書人」角色。

孩子剛出生時，並沒有清晰的內在感受與外在世界的區隔。他們對於自己的情緒經驗是混沌而難以辨識的。孩子如何開始認識自己內心的世界呢？是透過父母的回應和解讀，孩子才能逐漸理解自己的感受。例如，當心蕾初次來到陌生環境時，她表現出明顯的猶豫與緊張。她不知道這些情緒叫什麼，但身體卻誠實地展現了焦慮與不安。這時候，我以一個說書人的姿態，緩緩地說出她內在的情緒小劇場：「感覺你到了一個新的地方，覺得很多事情都跟家裡很不一樣，也無法確定接下來會發生什麼，你現在覺得很不安，對嗎？因為這裡好多事情都無法控制。這種不確定的感覺，好像讓你覺得有點緊張、有點害怕。不過，我覺得你其實比平常更勇敢了，因為你現在雖然害怕，卻沒有馬上離開，反而願意站在這裡觀察一下，這是一件很不容易的事情。」

當孩子聽到大人說出他的內心感受時，會感覺自己被深深理解與接納，這個過程稱作「情緒命名」，能幫助孩子將內心混亂而模糊的感覺具體化，讓他更能承受、管理這些情緒。

英國兒童心理學家溫尼科特（Donald Winnicott）表達過這個概念：孩子透過父母如鏡子般的回應，認識自己的內在世界。在這個過程裡，家長不僅僅是一個陪伴者，更是孩子情緒世界的引導者與詮釋者。這種引導幫助孩子逐漸將「混沌的情緒」轉化爲「可以理解的情緒經驗」。

再舉另一個情境，當心蕾用力地拍打黏土，把它壓扁時，我觀察到她身體放鬆下來，於是對她說：「哇，當你把黏土球啪地壓扁，好像把剛剛緊張、不舒服的感覺都壓掉了，這樣做讓你舒服了許多，對不對？」

透過這個動作與話語的結合，孩子不僅感覺到自己被理解，還能學會以具體的方式來表達、紓解情緒。這個歷程能促使孩子形成一種健康的自我認知，逐漸成爲一個能調節自我情緒的獨立個體。

身爲說書人，我們扮演的不是評論或教導者，而是孩子內在情緒劇場的「見證人」。當我們用平靜而明確的語言幫孩子說出情緒時，孩子會逐漸理解：「原來我的感覺是這樣的，這些感覺並不可怕，是我成長的一部分。」

換句話說，我們替孩子的情緒經驗提供一個容器，讓這些難以辨認的感受獲得安放，讓孩子知道自己並不孤單，有人與他共同面對這些內心世界的波動。

你不只是陪孩子遊戲的「玩伴」，也不只是觀察者，更是這個珍貴的內心世界裡的一位說書人。

萬叔教養心法

親子之間眞正有力量的互動，不在於遊戲多複雜、多富有教育意義，而在於你能不能幫孩子「說出」他自己都無法言說的內在感受。作爲一位說書人，你的任務不是去「創造」劇情，而是細心地觀看孩子的每一個動作、眼神和反應，替他說出內心的情緒小劇場。孩子透過你的話語，就像第一次從鏡子裡看見自己一樣，清晰地認識到那些曾經模糊混亂的感受。當你這麼做時，孩子會學會認識和接納自己，逐漸明白：「原來我的害怕、焦慮、難過，都是生命裡自然的篇章，只要有人願意陪我一起翻閱，就不再那麼令人害怕。」眞正的陪伴，是見證孩子的情緒劇本，並用適當的詞彙幫他認識自己怎麼了，讓他有勇氣翻開內心的劇本，安心地活出他最眞實的樣貌。

2-3 透過遊戲，看見孩子內在的質變

許多父母在面對孩子的情緒與行爲時，往往不自覺地套用學業式的標準，追求「可量化的進步」與「看得見的成效」。騰霄的媽媽就是一個典型例子。

四歲的騰霄，常因衝動行爲讓家人與老師疲於奔命。他的媽媽是一位擁有醫學背景的科學家，習慣以數據與證據作爲評斷依據。因此，即使她明顯看見兒子變得更貼心、更有耐心，也難以放下對「客觀驗證」的需求，她認爲唯有報告的佐證，才能說明孩子的進步，而無法直接相信眼前的正向改變。

這正反映出心理學中的一個重要概念：「父母作爲情緒容器的角色」。英國心理學家畢昂（Wilfred Bion）指出，孩子無法處理的焦慮與情緒，需要透過父母的接納與同理來「消化」，再以孩子能理解的方式回應他們。這種情緒支持無法用量表評估，而是仰賴父母細膩的感知與內在共鳴。

我對騰霄媽媽說：「你的陪伴與見證，就是孩子最眞實的『情緒數據』。你不只是觀察者，更是要扮演他情緒劇場裡最關鍵的說書人。」

騰霄的前後對比

常常惹麻煩的騰霄在參與課程後，有了很大的改善，以下就讓我們一起了解他在行爲的轉變，看見他的成長：

專注力與自我調節能力的提升

初期表現：活動開始時，老師拿出勞作材料，騰霄站起來東張西望，不停地抓摸材料又丟下，完全沒有耐心聽完規則。老師才說：「我們今天要做……」騰霄已經轉頭離開去找別的玩具。

近期表現：同樣的勞作遊戲再次出現，騰霄選好一個位置坐下，安靜地看著老師一步步示範摺紙的過程。遇到困難時，他會抬頭看老師，老師微笑點點頭，他便又繼續努力。最後他完成了，臉上浮現自豪與滿足。

情緒穩定與合作能力的增強

初期表現：進行射擊遊戲搶寶可夢時，騰霄輸掉了一輪。他立刻上前搶奪其他孩子的寶可夢，甚至推倒了旁邊的小朋友，表情憤怒又沮喪。

近期表現：同樣的射擊遊戲再次進行，騰霄又一次輸了。但這次他卻深吸一口氣，停頓了一下後走到贏家面前說：「你好厲害，這場是你贏了。」他甚至主動提出解決方案與大家討論：「有沒有可能每個人贏一次後就換別人？」其他孩子點頭同意，場面變得和諧且開心。

面對挫折的情緒表達能力改善

初期表現：老師與騰霄玩積木比賽，當騰霄看到自己的塔倒下時，他大叫著：「這不算！」還動手把老師的積木也推倒。

近期表現：再度玩積木比賽，塔再一次倒塌時，騰霄低頭看了倒下的積木，明顯露出失望，但這一次他只是說：「啊，倒了。」老師溫柔地回應：「你很失望，因爲你眞的很努力了。」騰霄點頭後，靜靜地開始重新堆疊積木。

透過以上這些細緻的情緒劇本轉變，我們可以淸晰看見騰霄的成長並非一蹴可及，這是逐漸累積出的情緒力量與韌性。

不能用「超前學習」的眼光看待情緒教育

騰霄展現出的情緒成長，並非提前被教導情緒的「知識」，而是遊戲的力量發展出正向的情緒劇本。

我們必須淸楚一點，孩子的情緒能力，不是像數學或語言那樣能被「提前教學」，也不是能夠透過數據或量表迅速衡量的。有些家長可能會希望讓孩子成爲「情緒的資優生」，強調提前學習、快速進步時，這其實是一種不切實際的想法，反而可能壓抑孩子眞正內在的情緒世界。眞正有效的情緒學習，是透過安全的互動，和父母溫暖、眞實的回應，逐步讓孩子發展出自己處理情緒的能力。

騰霄的改變，不是被提前教會了某種「情緒課程」，而是老師見證與同理他的情緒劇本所發揮的影響，他逐漸感受到自己情緒經驗被理解，被容納。因此，他有了調節情緒的信心，開始勇敢覺察內在的轉變。透過情緒的陪伴與理解，孩子才能從內心學會如何穩定、如何合作、如何更勇敢地面對生活中的挫折與挑戰。

騰霄的內在質變：從衝動演員到體貼說書人

騰霄，是那種你一開始會誤以爲「心不在焉」的孩子。他看起來注意力渙散，時而衝動、時而不守規矩，讓人直覺以爲他不在乎他人感受。在探索中，我們慢慢看見，他其實是一位內心住著許多細膩角色的孩子。只是這些角色太害羞，還沒學會如何走到舞台中央說話。過去的他，總是讓身體搶先登場——用搶奪、用大聲、用行動來表達情緒，因爲他不知道怎麼用語言去排練那些複雜的感受。

課程進行到後期時，這位年僅四歲的小小演員，竟然開始對父母的劇本產生共鳴。他會在放學後輕聲問媽媽：「我們最近家裡錢夠用嗎？」他關心的，不是買玩具的錢，而是家裡整體是否安穩。這不只是語言能力的提升，而是一種心靈的成熟。很難想像，這樣一位曾經衝動、不專注的小男孩，竟能這麼細膩地看見爸媽眉間的疲憊、語氣裡的掙扎。他過去那些不被理解的行爲，其實是情緒過於飽滿，找不到出口的結果。衝動，不是他不懂如何表達愛，而是還沒學會好好說「我也在乎你」。

對於像騰霄這樣情緒敏感卻不擅表達的孩子，父母如何消化自己和孩子的情緒就是他的行爲參考。你如何面對自己的失落、焦慮與壓力，他就在旁邊偸看、默默模仿。他不是學你教他什麼，而是學你「怎麼和自己的感覺相處」。

我們也期待家長們，能慢慢放下評估的尺與量表，從孩子的角度，看見那些不需證明的溫柔改變。因爲有時候，孩子最大的改變，不會存在成績單裡，而是在那句：「媽媽，妳今天心情好一點了嗎？」

放下數據，打開感受的天線

很多家長擁有專業背景、思路清晰、理性縝密，習慣用量表與數據來評估孩子的改變。但孩子的成長，不是只有進步幾分、情緒評量幾級，而是一場場日常小劇場裡的細膩變化。

你其實每天都在收看孩子的情緒小劇場，只是有時候，我們被「結果」兩個字綁住了。情緒的成長，不是考前衝刺能速成的知識，而是一種感知的能力。這種能力，藏在孩子一句無意間的問候、一場遊戲後的眼神交流、或一次願意等待與讓步的選擇裡。

這些細緻的行爲改變，不會自己跳出報表，但它們眞實存在。我們需要做的，是放下分析的習慣，打開感受的天線，學會成爲孩子情緒的容器。因爲唯有眞正懂得感受，才有可能眞正陪伴。

孩子的行為背後，其實藏著很多說不出口的情緒小劇場。而我們大人，若只依賴數據和邏輯，很容易錯過這些重要的情感訊號。這個練習，將幫助你開啟「感性腦」的開關，重新找回那台屬於你的「情緒感應器」——它能幫助你更深地感受到孩子，也更理解自己。

練習目標

打開你的「感性腦」，用更直覺、更貼近孩子內心的方式理解孩子。提升你對情緒變化的敏銳度，擺脫只靠量表與進度表評估孩子的慣性。練習如何成為一個溫柔的情緒容器，而不是總是主控的導演。

你需要準備：空白紙張；彩色筆、蠟筆或你喜歡的畫材；一個你覺得安靜、安全、讓你能沉靜下來的空間。

七步驟練習引導

1 認識你的「情緒感應器」

想像你的身體裡有一個神奇的裝置，專門感知情緒。它可能是一個彩色圓球、一朵會變色的花、甚至是一個帶天線的小怪獸。這個裝置的任務，就是幫你感受，感受你自己的情緒，也感受他人的。它不需要數據分析，只要你願意靜下心來，它就能發揮魔法。

2 畫出它

拿起紙和筆，根據你的直覺，畫出你心中的「情緒感應器」。不需要美術功力，只要畫出你覺得它是什麼樣子就好。它可以有不同顏色，不同質地，甚至可以是抽象的形狀。

3 寫下你最近的一個「親子片段」

回想一段你最近和孩子相處的時刻，可能是一個你感到困惑、心煩，或是很想理解孩子的場景，把那個場景簡單寫下來。如果你找不到正確的情緒詞彙，沒關係，可以參考臉書打卡的感受欄位，裡面有很多情緒可以進行對應。

4 用顏色爲你的情緒上色

選幾種顏色，幫剛剛那段親子情境中的「你」上色。紅色代表生氣？藍色代表焦慮？綠色是放鬆？你可以自由定義每個顏色。顏色的深淺也代表強度：越深，情緒越濃烈。

5 打開你的感應器

閉上眼睛，想像你的感應器正在慢慢啟動。它的開關長什麼樣子？要怎麼才能開啟？你會感覺到身體有什麼變化嗎？呼吸變慢了？感官變敏銳了？接著，感受它連上「孩子」的那一端：你感覺到了什麼？他的語氣、眼神、行爲，哪一個觸動了你？

6 找出情緒與行爲的連結

現在，把注意力放在你自己的情緒上。例如：你發現自己下班後常覺得「灰灰的」，一種壓迫感，因爲你急著讓孩子九點上床。這個「灰色情緒」會不會其實影響了孩子？他是否因爲感受到你的急躁，也變得焦慮或抗拒？這就是情緒感應器的力量，它幫助你看見孩子行爲背後，你的情緒位置。

7 爲你的感受命名，並溫柔地照顧它

你會爲今天的這趟探索劇本取什麼名字？《灰色的夜晚》、《小宇宙裡的焦躁探測器》？無論是什麼，都請你用溫柔的方式去接住它，因爲它是屬於你的一部分。問問自己：如果這顆情緒有聲音，它想對我說什麼？我可以怎麼照

顧這樣的自己？我會怎麼陪伴孩子，當他也出現這樣的情緒時？

練習後的提醒

這個練習並不是爲了找出誰對誰錯，而是爲了讓你更有感地「與孩子站在同一個舞台上」。當你越懂得覺察自己，越能眞心理解孩子的行爲動機與情緒來源。這就是心理學中的共感與調節力，也是身爲父母，最溫柔也最有力量的修煉。

專欄

你家也有小蘭花嗎？

當你慢慢熟悉如何開啓感性腦，讀懂自己的情緒訊號後，也就更能貼近孩子的內在節奏。如果你曾在心蕾的故事裡，看見你家孩子的影子，那個面對新環境會悄悄躲在你身後、對聲音或人群總是特別敏感的小身影。

那麼，很可能你身邊正綻放著一朵「小蘭花」。在戲劇心理學的角色裡，小蘭花是那種感受細膩、適應較慢，但情感極其豐富的孩子。她可能需要更長的時間熟悉新朋友，也更容易被別人的情緒所影響。這份測驗，是我們陪你了解孩子內在世界的第一步。不是打分數，也不是貼標籤，而是一種新的角度，從孩子的特質出發，重新思考我們該怎麼陪他走路、過河、長大。

觀察任務：你的孩子是不是一位感官敏銳的小蘭花？

有些孩子就像舞台上的偵探王子或感覺公主，總能察覺我們忽略的聲音、光線和情緒細節。他們的世界色彩飽和、聲音放大、感覺清晰。我們邀請你觀察以下這幾場「小劇情」，看看你家這位主角，會不會常常上演，根據你平常的觀察，請爲每一項選擇適合的分數（0～5分）並加總……

測驗

1 情緒吸收器：當別人難過，他馬上沉下臉；當你生氣，他也默默退縮。

0　1　2　3　4　5

2 聲音風暴感知器：在教室、大街或餐廳，他容易煩躁或逃開。

0　1　2　3　4　5

3 新場景小偵查：對於陌生環境，他總是慢慢靠近、小心觀察。

0　1　2　3　4　5

4 音波閃避模式：吸塵器、攪拌機一開，他立刻皺眉、摀耳。

0　1　2　3　4　5

5 觸覺雷達啟動：衣標、刷毛、強風，都可能讓他皺眉或抗拒。

0 1 2 3 4 5

計分方式

5分＝幾乎天天上演這個畫面，強度很高

3分＝偶爾會出現，強度中等

0分＝很少或幾乎沒有發生

總分解讀

你的孩子，有多少「小蘭花」的能量？

22—25分：高度人格傾向：個性非常明確，爲主要觀察重點

18—21分：中度人格傾向：個性趨勢已具代表性，但仍受其他特質影響

17分以下：較低人格傾向：此特質可能只是某些情境下偶爾表現

小提醒

萬叔情緒教育學院實際分析了近千位家長的訪談紀錄，從每一位孩子的分數中歸納出：高於21分，代表這個特質比較明顯；22分以上就很突出。18～20分則是中等傾向，可能會受其他特質影響而有所變化。這套分數區間，是我們根據實際數據歸納出的「參考依據」，要記得，人格從來不是單一的，我們每個人都有很多面向，像是一座森林，內心住著不只一位角色。

小蘭花的親職攻略

1 提升掌控感與成就感

小蘭花對「未知」特別敏感，常常在面對變動或新情境時感到焦慮。因此，我們可以提早一週，預告即將發生的變化，像是：去哪裡、會遇到誰、做哪些事。這些資訊就像一張「安全地圖」，能幫助她穩定情緒，也讓她更願意主動參與。當她逐漸適應後，請鼓勵她從小挑戰做起，只要有幾次成功經驗，她就會慢慢累積自信

與動力，勇敢挑戰更多未知。

2 給予選擇，讓孩子感到「我有決定權」

比起「你要不要玩？」這種開放又模糊的問題，小蘭花更需要具體的選項與儀式感。像我對心蕾說：「這邊是我爲你準備的百寶箱，你可以自由玩玩具，我們可以一起玩，也可以你先自己玩。你想從哪一個開始呢？」如此，孩子會感受到：「原來這是我可以掌控的空間」，安全感就從這一刻開始建立了。我看到心蕾用左手捏住黏土、右手高高舉起猛力敲下的那一刹那，彷彿在宣洩她的壓力——那是她的語言，是她用遊戲傳遞情緒的方式。於是我不再只是觀察，而是跟著她一起「玩瘋了」：捏黏土、打怪獸、快把房間掀了！

這不是失控，而是共鳴。我在她的節奏裡，成爲她的玩伴，也成爲她的理解者。

但要記得，眞正的互動，先從退一步觀察開始：感受孩子的眼神、肢體、語氣，讀懂這些無聲的訊號，才能回應到點上。

在這一章節中，我們談了如何陪伴小蘭花、如何給予她掌控感，也談到如何用遊戲進入孩子的內心世界。但每個孩子成長的階段不同，需要的情緒劇本也不一樣。接下來，我要邀請你，不只是陪玩，而是一起「共創」孩子的內心劇本。這不是單純簡單的一場遊戲，更是一場親子關係的深度交流。

2-4

親子共創小劇本

當孩子在地上推著小車滑來滑去、用黏土搓出一顆又一顆球、戴著紙做的帽子扮演小海盜時，你看見的可能只是「在玩」。但在孩子內心深處，這些遊戲是他探索世界、認識自己、理解他人、學會情緒調節的重要旅程。

不同年齡階段，需要不同的情緒劇本

孩子的成長就像一場戲，每一個年齡階段，都有屬於他當下能力與需求的「角色」與「劇本」。在感覺動作階段，他透過觸摸、搬動、撞擊，學習信任與探索；在假裝階段，他透過扮演角色練習表達與同理，慢慢練習如何在真實世界中理解他人與被理解。而在象徵性遊戲階段，他開始能將內心的願望與擔憂轉化為冒險故事，用遊戲中的劇情去消化生活中的挑戰。

如果我們沒有看見孩子在不同階段需要的情緒劇本，我們可能會誤解孩子的需求，錯過連結他內心世界的機會。有時孩子不專心或不投入時，不是因爲他不想玩，而是遊戲沒有對應到他的發展階段，就像拿著太大的衣服硬要他穿，既不舒服，也限制了他自由探索的可能。

當我們理解不同年齡的孩子，需要不同的遊戲方式，和不同的「情緒劇本」，我們就能陪孩子走過每個成長階段，幫助他們在遊戲中練習表達、調節情緒，並且在扮演與遊戲的過程裡，一點一滴長出屬於自己的自信與力量。

以下是五個不同年齡階段的遊戲與情緒劇本，家長可以在家與孩子實際操作：

1 奇幻觸摸王國

感覺動作階段：8 個月起

發展目標：觸覺探索 × 情緒互動 × 家長感性覺察

角色設定

孩子（小探險家）：正在探索觸覺王國，尋找神祕的寶物。

家長（觸覺守護者）：引導孩子去發現各種有趣的觸感，並與孩子互動。

劇本情境

一天，小探險家來到了觸覺王國，這裡的寶藏藏在不同的魔法盒子裡！但每個盒子裡的東西都不一樣，有的軟、有的硬、有的冰冰涼涼、有的毛茸茸……。

道具準備

準備不同材質的物品，比如柔軟（毛巾、小布娃娃、嬰兒專用絨布玩具）、粗糙（木製積木）、涼感（用保冷袋冰過的矽膠玩具、湯匙）、光滑（矽膠球、寶寶專用牙膠）等。

（安全提示：所有物品應避免有小零件或會掉毛、掉屑的成分。建議家長在活動中全程陪伴、避免孩子將物品吞入口中）

遊戲過程

家長用神祕的語氣說：「觸覺守護者說，只有勇敢的小探險家才能找到最珍貴的觸覺寶藏！」

孩子伸手進盒子觸摸物品，並嘗試描述感覺（家長可以用誇張的語氣回應：「哇！這是什麼？是雲朵嗎？還是小羊的毛？」）

最後，觸覺守護者頒發「勇敢小探險家」獎勵，感謝孩子的勇敢與好奇。

發展重點

讓孩子透過觸覺探索世界，感受不同的質感與情緒。家長可以用誇張的語氣與表情來回應孩子，增強孩子對於「驚喜」、「興奮」、「好奇」等情緒的體驗，學習到情緒。

2 小精靈的分類任務

組織階段：1 歲 ～ 2 歲

發展目標：認知分類 × 協助情緒 × 自我價值感

角色設定

孩子（小精靈）：負責整理魔法森林的寶物。

家長（魔法森林國王）：需要孩子的幫助，讓森林恢復秩序。

劇本情境

魔法森林裡的寶物亂七八糟，精靈國王請求小精靈幫忙，把相同種類的寶物放在正確的地方。只有這樣，魔法森林才能恢復原來的美麗！

道具準備

準備幾種可以明確分類的物品，例如：不同顏色的積木、材質不同的玩具（軟的絨毛玩具及硬的塑膠車子）、大小不同的球。

遊戲過程

魔法森林國王：「哦不！我們的寶藏全亂了！只有最聰明的小精靈能幫我們整理回去！」

讓孩子幫忙分類，例如：「這些都是紅色的寶石，放這裡！這些是軟軟的羽毛，放那邊！」

家長誇張地回應跟小精靈一起慶祝：「哇！小精靈做得太棒了！森林又恢復了美麗！」可以加上擁抱或親親作為勳章頒發哦！

發展重點

透過分類遊戲，幫助孩子理解事物的歸類，發展認知能力。並讓孩子建立「助人者」的角色，感受助人的成就感，建立正向情緒。

3 神奇的小廚師

功能階段：2 歲起

發展目標：功能理解 × 創造力 × 同理服務他人

角色設定

孩子（小廚師）：負責準備今天的魔法大餐。

家長（飢餓的巨龍）：等待著孩子做出最棒的料理。

劇本情境

今天是魔法城堡的盛大宴會，小廚師要為飢餓的巨龍準備大餐！但是，小廚師需要選擇正確的食材，才能讓巨龍吃得開心。

道具準備

準備各式玩具食物、廚具組（塑膠水果、蔬菜、碗盤、湯匙、鍋具等）。也可加入黏土讓孩子自由捏製食材。

遊戲過程

巨龍說：「我好餓喔！可是我只喜歡吃圓圓的東西，小廚師可以幫我嗎？」

孩子挑選適合的食材，做出「圓圓的料理」，家長情緒滿滿地回應「吃掉」，並發出滿意的咆哮！

逐步增加難度，例如「今天巨龍只想吃紅色的東西」，讓孩子進一步學習分類與運用物品。

發展重點

透過小廚師的角色發展服務他人的同理心。透過親子互動，發展孩子的手作能力與創造力。幫助孩子理解物品的功能，並學習解決問題的能力。

4 動物醫院大作戰

假裝階段：2 歲～4 歲

發展目標：角色扮演 × 情緒詞彙 × 同理照護

角色設定

孩子（小獸醫）：負責照顧生病的玩偶動物。

家長（動物飼養員）：帶著動物來求助。

道具準備

小熊、小兔或小狗等絨毛玩偶（最好 3～5 隻，讓孩子能「輪診」）、市售醫療玩具組或自製的醫療器材道具、小毛巾／棉被（當作蓋被子或包紮）、小記事本與筆（讓孩子假裝記錄病歷）。

劇本情境

動物醫院今天有很多生病的小動物需要幫助，小獸醫需要細心地診斷，並幫助牠們康復。

遊戲過程

家長拿一隻玩偶說：「小熊不舒服，一直咳嗽，該怎麼辦？」

孩子假裝用聽診器聽一聽，然後說：「嗯，可能是太冷了，我來幫他蓋被子。」

家長放大地回應：「哇！小獸醫好厲害！小熊覺得好多了！」

逐步引導孩子說出更多關於「關心」的詞彙，例如：「我們還可以幫小熊做什麼呢？」

發展重點

讓孩子學習修復的能力、投入照護者的角色，體驗「照顧別人」的快樂。

幫助孩子學會表達情感。

5 海盜大冒險

象徵性遊戲階段：2 歲 ～ 7 歲

發展目標：角色扮演 × 領導能力 × 創造性解決問題

角色設定

孩子（海盜隊長）：負責帶領船員尋找寶藏。

家長（海盜船員）：跟隨海盜隊長的指令行動。

道具準備

象徵性「船」：用沙發、抱枕、椅子、地墊拼出海盜船的形狀。

望遠鏡：用紙筒、捲筒衛生紙中空處製作。

藏寶圖：手繪簡單地圖（可加入箭頭、X 記號、龍、鯊魚等符號）。

寶藏箱：用鞋盒或紙箱裝上玩具、貼紙、小糖果等。

挑戰物品：藍色布或圍巾當「海浪」；絨毛玩具當「鯊魚」或「海怪」；運動圈或跳繩當「漩渦」。

小紙條寫上任務：「用一隻腳跳過橋」、「用嘴巴說出三個勇敢的詞」等。

劇本情境

大海上藏著一座神祕的寶藏島，只有最勇敢的海盜隊長才能帶領大家找到它！但是旅途中會有很多挑戰，例如遇到暴風雨、迷路、還有可怕的鯊魚……。

遊戲過程

家長說：「船長，我們應該往哪裡走？」

讓孩子決定路線，並設計各種挑戰，例如「現在有大浪來了！我們該怎麼辦？」

孩子可以指揮：「大家抓緊船桅！」或「趕快划船！」

最後找到寶藏，家長驚呼：「哇！多虧船長的指揮，我們終於成功了！」

發展重點

幫助孩子體驗探險家的角色，讓孩子在遊戲中體驗領導與決策的樂趣，並透過象徵性遊戲發展創造力與解決問題的能力。

第三章

孩子爲什麼不聽話：了解親子衝突中孩子的感受與想法

3-1

讓孩子成爲他自己

從「自在國與理想國」的故事看親子關係

很久很久以前，大陸的兩端各有一位國王。

西邊，是一片自由的土地。這裡的國王不太發號施令，他喜歡傾聽，欣賞每位子民獨特的樣子。有的子民在樹上畫畫，有的在河裡唱歌，有的甚至每天只躺在草地上想事情。國王說：「只要你們快樂，就是我治理的目標。」

而在東邊，則是一座嚴整有序的王國。這裡的國王每天都在監督訓練、糾正行爲。他制定了各種守則，從穿著的顏色到說話的語氣，樣樣有規矩。他相信：「只有最強、最完

美的人，才能眞正掌控命運。」

這兩個國家原本井水不犯河水，但某天，一封書信引爆了戰火。信上寫著：「你讓子民太過隨性，他們會變得軟弱無用。」「你把人訓練成機器，連哭笑都失去了靈魂。」

國王們無法容忍彼此的價値觀，於是開戰了。

那是一場漫長的拉鋸。兩國的士兵各懷信念、死守疆界。有人爲了理想而斃命，有人爲了自由而哭泣。最終，沒有誰贏。整個大地滿目瘡痍，只剩兩位國王，面對面站在廢墟中，彼此凝視。

他們都沒有退後，卻再也無力進攻。

而這一刻，我想起了很多家庭裡，父母與孩子的沉默對峙。有時候，他們沒開口，卻早已交戰千遍。

情緒劇本影射出母子的價値觀衝突

這個故事源自於一次情緒劇本的創作，創作者是一位名叫天行的小男孩。天行是個想像力奔騰的小男孩。他的腦袋像裝了一百隻跳跳蟲，想到什麼他就說什麼，有時很有趣，有時令人哭笑不得：「萬叔，我覺得我有時候像恐龍，有時候像雲。你會嗎？」他的眼神閃亮，說話又快又直接，像極了自在國的國王，不假修飾，忠於感受，眞誠地活著。

而他的媽媽謹妍，則像理想國的領導者那樣，有著自己的一套生活準則。她是美容產業的創業者，舉手投足都散發著精準與優雅。她說話總是溫柔，但眼神裡藏著對完美與秩序的深刻要求。她愛天行，也愛整齊、體面、得體的形象。

這對母子之間的衝突，不是一場大吵，而是生活裡反覆上演的小劇場，就像那天的婚禮。

謹妍帶天行去參加一場親戚婚禮，特地為他準備了一套白襯衫、西裝褲和咖啡色皮鞋。「這是媽媽的朋友也會出席的場合，要穿得整齊一點，好嗎？」她提前兩天就說好。

天行也點頭了，但直到出門前十分鐘，他突然堅持要換上一雙紅色球鞋。那是一雙會發光、有閃電圖案的球鞋，就像他在球場上一樣飛快：「我穿這雙比較帥。」

謹妍立刻皺眉：「這是婚禮耶！你這樣穿會讓人覺得我們沒教養。」

「可是我不喜歡那雙皮鞋。」天行把皮鞋踢開，一臉堅決。

謹妍的聲音低了下來：「你穿這樣，媽媽眞的會覺得很丟臉。」天行低頭不語。最後，他還是換上了皮鞋。但整場婚禮，他都臭著一張臉。

當晚回家，謹妍問：「你今天怎麼都不說話？」天行悶悶地說：「因爲我不是我了。我是你想要的我。」

這句話，像一把柔軟卻銳利的劍，刺進謹妍的心。

這場看似微不足道的著裝衝突，其實正反映了那場戰爭：理想國與自在國的拉鋸。媽媽想保護孩子，想讓他在世界裡好好被看見；而孩子，只想保有做自己的自由。這不是對錯的問題，而是兩種愛的方式發生了碰撞。

而這樣的碰撞，其實每天都在無數個家庭裡悄悄上演。

父母的投射：當未被滿足的期待加諸在孩子身上

天行那句「我不是我，我是你想要的我」，在謹妍心裡激起了某種熟悉卻久違的感覺，她想起了自己小時候的樣子。

謹妍出生在一個重視「家族體面」的家庭，從小被教導要「懂事、乖巧、不添麻煩」。小學時，她最期待的是週末能去同學家玩，但每次一開口，媽媽總是說：「妳這樣亂跑，讓人家家長怎麼看我們？」她想穿牛仔褲上學，爸媽說：「那沒有氣質。」久而久之，她學會了迎合期待，她變得很會察言觀色，扮演大家眼中「很有教養的女孩」。

但沒有人知道，她曾經很想說「我不想這樣」。

直到她當了母親，這些從小學會的規則變成了她無意識的準則——穿著得體、言行得體、孩子也要得體。她沒有想要控制孩子，只是那種「不符合期待就會被質疑」的壓力已經根深蒂固在她的無意識中。

她曾經被這種壓力雕刻成一個「完美的孩子」，現在，卻發現自己正在用同樣的鑿子，雕刻她的兒子。

那一刻，她有些慌了。她發現，自己以爲是在爲孩子「鋪一條不被批評的路」，其實不過是將那條從小就走過的路，再重走一次。這次，是要兒子走。

而天行，正用他那雙紅色球鞋，大聲地說：「我不想走。」

透過角色互換，看見彼此的傷

在課堂的最後，我邀請他們母子進行一個戲劇心理探索的練習。我們沒有高談理論，也不講什麼「親職技巧」，只是讓兩人換個角色說話。我請天行扮演「理想國國王」，而謹妍則扮演「自在國國王」。角色一換，氣氛立刻有點緊張。天行皺著眉，學媽媽的語氣開場：「你怎麼可以穿紅球鞋來婚禮？你這樣我很丟臉耶！」他挺起胸膛，雙手插腰，還特別學媽媽的語氣，硬邦邦的、慢慢的。

謹妍一開始還笑著，覺得有點好笑。但當天行繼續說：「你講話太大聲了啦，別人會覺得我們沒家教。」「你吃飯怎麼可以邊講話？快擦嘴巴！」「我已經幫你安排好所有事情了，你就不能照著來嗎？」

她的笑容漸漸收起，眼眶有點紅。

接著輪到她扮演自在國王。她遲疑了一下，低聲開口：「我只是不想穿會咬我的鞋子……那雙鞋讓我腳痛。」「我穿紅球鞋，會讓我覺得自己是我，不是要丟你臉。」她說著說著，聲音慢慢哽住了。那一刻，她彷彿在演出自己從未被允許表達的童年心聲。天行愣了一下，轉過頭輕聲問她：「你也不喜歡被逼穿皮鞋嗎？」她點點頭，淚水終於掉了下來。那一刻，兩個心靈，穿越時空，第一次試著好好靠近。在這場短短的角色互換裡，媽媽第一次從孩子的角度看見：「原來我的話，可能像刀子那麼利。」孩子也第一次理解：「原來媽媽不是故意要我痛苦，她只是太怕我會被這個世界排擠。」

戲劇心理探索最動人的，是創造了一個魔幻式的平行宇宙，讓參與者體驗到一種深層的共感，一種我們一起受過傷，所以能一起理解彼此的方式。當父母無意識地將自己的遺憾與未竟之夢投射到孩子身上，孩子便會逐漸迷失在期待裡，不知道自己眞正想要的是什麼。而眞正健康的親子關係，不是將孩子塑造成我們理想的模樣，而是給予他們足夠的自由與支持，讓他們能在世界上找到自己的位置。

放下期待與壓力，好好聽孩子說話

那一場角色互換後，謹妍靜靜坐了好一會，才輕聲問我：「萬叔……我是不是太想讓他變得『好』了？」我回她：「你不是想讓他變得好，而是太怕他不夠『安全』。」她沒有反駁，只是轉過頭看著天行玩耍的背影。那一刻，她彷彿明白了什麼。

我們說親子關係，是愛的連結，但有時候，這份愛會穿著「期待」的外衣出場。那雙紅色球鞋，只是一雙鞋，但對天行來說，是他表達自己、展現自我的方式；對謹妍來說，卻是一種「脫序」與「失控」的象徵。這，就是理想國王與自在國王之間的戰爭。但經過一場又一場拉鋸後，他們終於累了，也終於明白，真正的治理，不是讓對方屈服，而是坐下來聽彼此說話。

萬叔教養心法

親子不是對立面，而是彼此缺一不可

親子關係裡的衝突，常常看起來像兩個世界在碰撞：一邊是「你要學會負責任」，一邊是「你可不可以先理解我」；一邊希望孩子更成熟穩重，一邊渴望被看見眞實的自己。但這眞的代表，我們立場相反嗎？孩子的直率，是提醒父母怎麼誠實地活；父母的經驗，是給孩子面對世界的地圖。親子間不是非要誰改變誰，而是要學會怎麼一起往前走。

有時候，理解不是靠講道理，而是靠「玩一場角色互換劇場」。
你可以試試這個方法——爸媽扮演孩子：「我今天已經上八堂課了，腦袋裝不下數學了啦！」孩子扮演爸媽：「你這樣都不寫功課，未來怎麼辦？」
單純透過互換彼此常說的台詞，彼此模仿對方的口氣與心情，就能看到：「原來你也這麼累！」「原來你也是希望我好，只是不知道怎麼說。」
理解，有時候就藏在一場小小的台詞互換裡。

3-2

父母先跨出一步，孩子才會跟著跨出一大步

每次過年回鄉，熟悉的溫暖總會悄悄漫上心頭。親人的笑聲在老家此起彼落，最讓我放鬆的，莫過於三歲的小姪子小豆豆。他的眼睛像小星星，笑著往我懷裡鑽，一聲「萬叔抱抱～」，總能瞬間融化我。

一進門，小豆豆立刻撲過來，滿眼期待地問：「我們可以玩嗎？」妹妹笑著把他交給我，還補一句：「你不是最會帶孩子？」我苦笑，這大概是大家對「情緒教育老師」最經典的誤會。但說真的，面對越親近的人，反而越容易卡住，那些心理學理論和技巧，會突然變得很抽象。

父母勇敢踏出一步，引導孩子學習人際相處

於是，我帶小豆豆去了公園。他一路興奮地展示著他的新跑車，跑跑跳跳，開心得不得了。我坐在一旁，看著他盡情玩耍，心裡滿是幸福。但我也注意到，他時不時望向不遠處玩飛盤的大哥哥大姐姐們，眼神裡透出一絲羨慕。他好像也想加入，卻不知道該怎麼開口。

看到小豆豆對交朋友的嚮往，我不禁回想起自己的童年，曾經是個孤獨的孩子，因此我懂小豆豆此刻的心情。我深知孩子的成長需要社交和朋友，只是，主動交朋友從來不是我的強項，到現在還會害羞。

但我已經不再是當年的孩子了，我是小豆豆的榜樣。於是我在心裡對自己說：「萬叔，你可是受過戲劇心理訓練的，這次換你給他看一場『主動出擊』的示範劇吧！」

我走向那群媽媽，鼓起勇氣說：「你們玩得好開心，不知道我姪子可不可以一起加入？」對方笑笑地說：「我們是同學，常一起玩。」這句話有點模糊，是婉拒

還是接受？我也分不清。但我知道，小豆豆在看著我，我不能就這樣退縮。

我轉向他，提議說：「要不要把車子借他們玩看看？」這是他最心愛的新年禮物，我其實沒把握他會答應。但他毫不猶豫地點頭說：「好啊！」比我想像中還樂於分享。

這讓我放鬆了許多，因爲這台車或許能成爲他打開社交的橋梁。只不過，那群孩子已經跑到五十公尺外繼續玩飛盤了。我看著漸暗的天空，開始擔心今天會不會讓他失望。

我們再次靠近那群孩子，在一旁默默一邊玩一邊等待奇蹟出現。就在我快放棄的時候，一個飛盤掉到我們腳邊。我看著它，會心一笑——機會來了！我知道孩子能否學習成長，除了靠他自己一定要努力，抓住機會勇敢創造自己的劇本之外，也靠我們大人從旁的臨門一腳。

掌握劇本中的契機，讓孩子勇敢邁出一步

我輕輕拉起小豆豆的手，撿起那個飛過來的飛盤，問他：「要不要我們一起，把飛盤還給哥哥姐姐們？」

他抬頭看著我，眼神裡閃著光，有點期待、也有一點點緊張。我笑著點頭鼓勵他：「我會陪你一起去。」就這樣，我們把這個小小的飛盤，轉化成他人生第一次主動交朋友的契機，也是我們一起演出的一場社交劇場。

「這是你們的飛盤！」小豆豆勇敢地把飛盤遞出去，聲音比我想像的還要響亮。哥哥姐姐們自然地接過，就像默契開了一道門，幾秒後，他們便玩成一團。比我預期的還要順利。

我站在一旁，鬆了一口氣，看著他奔跑、追逐、開心大笑。那一刻，我不是在教他什麼，而是見證了一場我們兩人的自我突破。

那天下午，小豆豆跑得滿頭大汗，而我也靜靜收藏了一個珍貴的時刻，因爲我好像也重新經歷了一次童年交友的困境。在照顧者的內心深處，也常常上演著另一

齣戲：我夠不夠好？會不會被拒絕？要不要再試一次？但正是這些掙扎，構成了我們與孩子共同成長的劇情線。

運用情緒劇本學交友

1 用「角色示範」做給孩子看，而不只是說給他聽

在戲劇心理學中有一個重要概念，叫做「角色示範」（Role Modeling）。孩子在學習社交、情緒調節的過程中，最有力的教材就是看見大人如何面對他人、怎麼處理自己的不安與膽怯。這次在公園裡，我不是告訴小豆豆要勇敢，而是和他一起演出一場「如何走向別人」的戲。飛盤雖然是偶然出現的道具，但若沒有我先踏出那一步、向陌生人開口，他也不會知道：原來可以這樣靠近。

爸媽可以從生活中練習這樣的「示範演出」：超市裡主動跟店員說謝謝，讓孩子看到禮貌的互動；公園裡和其他家長閒聊幾句，讓孩子知道陌生並不可怕；在家庭聚會中引導孩子說一句：「我也可以玩嗎？」你一句接一句地協助他，就像導演帶著演員演戲那樣。

社交不是要孩子「硬著頭皮上」，而是邀請他和你一起彩排互動劇本。

2 孩子是我們的鏡子，也是我們的劇本共演者

每個角色的出現，都是讓我們看見自己的某個面向。我們以爲在教孩子勇敢、教他交朋友，但其實，那一刻孩子也正在「演出」我們還沒走完的劇情：我不習慣主動、害怕被拒絕、習慣等別人來靠近。這次我跟小豆豆的互動，就是一場共演：我以爲我在示範，其實他也在療癒我過去內向不敢交朋友的自己。所以，別再只想著「我要教會孩子什麼」，你也可以問問自己：「在孩子身上，我看見了什麼我自己還沒完成的故事？」當我們開始用這樣的角度去理解教養，那些孩子讓你煩心的點、那些反覆出現的困難，都不再只是挑戰，而是過去未完成腳本的提醒：你準備好重新詮釋自己了嗎？

3 我們的成長，就是孩子的天花板

這一趟「飛盤交朋友」的情緒劇本，其實寫的是我自己的突破。我想讓孩子勇敢，卻也在學著不再被自己的童年限制；我希望孩子不怕被拒絕，也在練習自己不

要怕失敗。孩子的潛能，會停在我們的限制那裡；但他們的自由，會從我們的覺察開始。這就是情緒教育最動人的地方——不是教孩子變得完美，而是我們一起長出新的樣子。你跨出一步，他會跨出更一大步，就像是小豆豆勇敢地大聲地回應大哥哥大姐姐們。

3-3

親子衝突，來自於父母扮演了攻擊者與判官的角色

爲什麼很多父母無法和孩子好好玩？不是因爲他們不知道怎麼玩，而是因爲內心深處的焦慮和未解的情緒，使他們無法眞正放下身段，走進孩子的情緒劇場。結果，父母不是過於強勢地控制遊戲，就是完全放任，讓孩子感到既無助又困惑。

當遊戲變成了管教的延伸，孩子感受到的不是歡樂與自由，而是無形的壓力與批判。父母如果無法成爲孩子的遊戲夥伴，反而更像一個無形的監控者，這樣的陪伴只會讓孩子越來越遠。

如果我們眞心希望孩子感受到愛與理解，父母就必須學會放下控制，走進遊戲的世界。接下來，我們將一起看看，哪些教養角色正在悄悄破壞親子關係，又該如何重建一座信任的橋樑。

攻擊者：冷酷易怒的雷公，不允許任何反駁

美玲記憶中的童年，總是伴隨著雷聲般的怒吼。父親的聲音低沉而威嚴，像一場毫無預警的雷暴，瞬間便能把整個家席捲進去。那時候的她，只要聽見腳步聲接近，便會下意識地蜷縮起來，屏住呼吸，生怕自己哪裡又做錯了。父親就是家中的雷公，掌握著每一道雷電的方向與力道，沒有人能躲過他的審判。

雷公的怒吼：當攻擊成爲家庭的枷鎖

生了孩子小寶後，她發誓自己絕對不要重蹈覆轍，複製父親的教養。她要用溫暖與愛，建造一個截然不同的家，讓孩子永遠不必像她那樣惶恐不安。於是，美玲開始用無盡的包容去愛護小寶，甚至不會對他說一句重話。每當孩子頂撞她，甚至命令她做這做那時，她也只是無奈地笑著，細聲細氣地哄著：「媽媽知道你辛苦，來，我們慢慢說。」她想，只要自己夠溫柔，孩子總會明白她的愛。

然而，愛若失了分寸，便成了另一種形式的傷害。

與美玲的溫柔形成鮮明對比的，是丈夫志強的雷公式教養。志強成長於軍人世家，父親的每一句話都是命令，不允許反駁。那種嚴厲和冷酷，像是鏽跡斑斑的盔甲，早已鑄進了他的骨子裡。他從不掩飾自己的怒氣，孩子稍有頂撞，他便聲音低沉地吼：「你說什麼？再說一次！」偶爾失控時，甚至會揮手打過去，動作狠而急，讓整個客廳裡的空氣都凝結起來。

每次爭吵過後，家裡總是陷入一種令人窒息的沉默。美玲輕聲說：「不要這樣，孩子會害怕。」志強不耐煩地說：「沒有規矩，將來還得了？」他認爲愛不是溫情，而是讓孩子明白規矩與秩序，服從才是對家長最基本的尊重。

補償原生家庭教養的母親 vs 複製原生家庭教養的父親

美玲越害怕重蹈父親的模式成爲雷公，便越發不敢說重話，只能一次次退讓，用妥協換取短暫的平和，她沒意識到的是，她的過度補償，配合小寶習得志強的雷公演出，竟讓小寶自己成爲了雷公。當小寶一遍遍用命令的語氣對她說話時，她只能柔聲細語地哄著，內心卻隱隱發疼。她開始懷疑，這樣無底線的退讓，眞的是愛嗎？還是，只是一場沒有勝算的自我救贖？

與此同時，志強卻習慣性地複製著自己父親的模式，試圖用高壓維持秩序。雷聲般的怒吼，成了這個家裡無法驅散的陰影。他或許不是真的想傷害家人，但那種暴躁與怒火，卻成了面對問題時唯一能想到的手段。只要看到美玲無力地站在一旁，一言不發地護著孩子，他的火氣便無法抑制地往上竄，語氣也變得更加不耐：「你就是這麼教孩子的？什麼都不懂，只會哭！」

縱容與高壓的交織，讓孩子無所適從

美玲和志強的矛盾，像是交錯的雷電與細雨，讓孩子無所適從。雷公的怒吼與溫柔的縱容，兩者的極端讓孩子迷失在其中，不知道該聽誰的話，也不知道哪一種才是真正的愛。

志強的暴躁與美玲的軟弱，看似完全不同，卻有著同一個根源：他們都在用錯誤的補償與複製，試圖擺脫原生家庭的陰影。志強想用強硬的手段證明自己不是軟弱無能的父親，而美玲則想用溫柔填補內心的恐懼，害怕語氣太嚴厲，便會變成自己最害怕的雷公。然而，母親的愛失去

了邊界，父親的體罰便成了枷鎖。孩子不是因爲理解而服從，而是因爲恐懼而沉默。

體罰的傷害，比你想像的還要嚴重

在孩子的成長旅程中，父母的教養方式決定了他們的性格、價值觀與人生方向。然而，傳統的管教手段不僅無法帶來預期的正面影響，反而可能在孩子心中留下深遠的傷害，其中最具毀滅性的，便是體罰。

體罰不只是「一時的疼痛」，它是一種滲透到孩子內心深處的創傷，影響的不僅是他們的童年，更可能改變他們一生的劇本。許多家長相信「適當的體罰」可以讓孩子學會規矩，但大量的科學研究已經證明，這樣的方式不但無法讓孩子變得更乖，反而會讓他們變得更焦慮、更具攻擊性，甚至無法健康地發展自我認同。

溫柔且堅定的教養，才是眞正的力量

當家長選擇體罰時，他們可能以爲自己是在「教育孩子」，但事實上，這樣的行爲正在摧毀孩子的內在世界。體罰不會讓孩子變得更好，只會讓他們變得更孤獨、更害怕、更易受傷害。可以用以下的教養方式來代替體罰：

1 建立清楚的規則與界限，但以溝通代替恐懼，讓孩子理解行爲的後果，而不是單純懼怕懲罰。
2 以身作則，示範如何處理衝突，讓孩子學會表達感受，而不是用暴力來發洩情緒。
3 使用獎勵與鼓勵，取代威脅與懲罰，幫助孩子內化良好的行爲模式，而不是透過恐懼來服從。

每一個孩子，都值得被溫柔以待，體罰或許能讓孩子短暫地「聽話」，但這樣的「順從」，是來自於恐懼，而不是理解。眞正有效的教養，從來不是靠傷害來換取服從，而是透過愛與尊重，幫助孩子學會如何做出正確的選擇。

當你用愛與溫暖對待孩子，他們才會學會如何愛自己，也懂得如何愛別人。當你願意溫柔地對待孩子，他們才能在沒有恐懼的環境中，自信地成長、自由地探索世界。這不僅是爲了孩子的未來，也是爲了我們所希望建立的社會，一個充滿愛，而非充滿恐懼的世界。

判官：嚴格而挑剔的李靖，嘴裡只有批評和指責

景行的父親是一位軍人，舉手投足間總帶著一股不容置疑的威嚴。他對景行的愛，讓我聯想到中國神話故事中李靖與哪吒之間充滿衝突與悲劇色彩的父子關係。

在中國神話裡，李靖是托塔天王，身負重任，維護天庭的秩序與威嚴的判官。哪吒則是一個天生叛逆且充滿活力的孩子，他雖然天賦異稟，卻也常常因爲衝動而闖禍，讓父親李靖深感困擾與焦慮。李靖總是希望哪吒能夠按照自己的標準和規矩行事，不容許他有任何犯錯的空間。當哪吒與龍王之子產生衝突，引來龍王興師問罪時，李靖沒有選擇包容或理解自己的兒子，反而因顧及家族聲譽和自己的地位，而嚴厲斥責哪吒的行爲。最終，承受著巨大的精神壓力與委屈的哪吒，爲了證明自己的淸白，甚至不惜自刎割肉剔骨給父親，以如此極端的方式來回應父親冰冷而沉重的愛。

這樣沉重而冷硬的父愛，彷彿在試圖把孩子雕琢成一件完美無缺的作品，卻忽略了孩子內心的眞實渴望與需求。而景行的父親，也同樣試圖以嚴格的標準要求景行，讓他感到無法喘息。

當愛成了枷鎖：父親的標準，孩子的牢籠

景行從小就習慣低著頭，手指緊緊攥住衣服，像是攥住最後一絲安全感。只要父親的目光落在他身上，他就會心臟狂跳，生怕自己哪裡做得不夠好，會引來冷冷的指責。

有一次，父親帶著七歲的他參加喜宴。他因爲緊張沒拿好筷子，不小心把菜掉了，湯汁潑灑在潔白的桌布上，染出一片汙痕。

父親冷酷的眼神射向他，聲音低而清晰，像是一柄鋒利的刀：「怎麼這麼沒教養？連筷子都不會用，眞是丟人現眼。」

景行的臉漲得通紅，他手足無措地低著頭，淚水在眼眶裡打轉。親友們的目光像是無數道無形的鎖鏈，把他緊緊地鎖在椅子上，動彈不得。

父親的標準與束縛，就像李靖的乾坤圈與混天綾

李靖手中的乾坤圈，既是保護，也是禁錮。景行的父親也是一樣，他用標準與責備把景行圈在無形的牢籠裡，名義上是爲了他好，實則是爲了捍衛自己的威嚴與聲望。

景行拿到全班第一名的成績單，小心翼翼地捧到父親面前，滿心期待地看著他。可父親只是掃了一眼，眉頭微微一皺：「數學差了兩分，怎麼回事？」

景行的笑容僵在唇邊，囁嚅地回答：「我……下次會注意。」沒有一句「做得好」，沒有一個擁抱，甚至沒有半分欣慰。他站在原地，雙手藏在口袋裡緊握著拳，指甲掐進掌心，卻不敢有一絲反駁。

那一刻彷彿看到李靖對哪吒冷冷地說：「你這樣胡鬧，還不快束手就擒？」

自刎的哪吒：當愛變成無法承受的枷鎖

李靖的愛，是標準與責任的枷鎖，讓哪吒無法呼吸，最終選擇自刎來證明清白。景行雖然沒有那般決絕，但他早已學會用沉默來掩蓋內心的掙扎。

他低著頭回到房間，反鎖上門，悄悄擦去眼角的淚。他的房間裡貼滿了各種獎狀，書桌上擺滿了各式各樣的教科書，筆記密密麻麻。他多希望，哪怕一次，父親能摸摸他的頭，笑著說一句：「做得很好，辛苦了。」如果可以，他願意用無數個第一名來換這一句話。然而他不禁懷疑，自己是真的不夠好嗎？還是，父親的標準根本無法滿足？那種懷疑與自責，如同哪吒自刎前，看著李靖那張冷漠臉龐時的無奈與絕望。李靖對哪吒的愛太過沉重，沉重到變成了枷鎖與囚籠，讓人無法喘息。景行的父親也是一樣，他並非不愛景行，只是那份愛早已被無數層的標準所包裹，變成了冰冷而沉重的枷鎖。

否定與指責，讓孩子失去自信與自尊

判官型父母（Judgmental Parents）在心理學上是指那些習慣用批評、指責與嚴苛標準來管教孩子的父母。他們的愛往往是「有條件的」：孩子必須做到某些特定的標準，才能得到短暫的肯定或稱讚。這種愛，即使出自父母深厚的關懷，也會像一把無形的刀，一次又一次地劃傷孩子的內心，使他們即使長大成人，也無法擺脫這種疼痛與陰影。

有條件的愛：覺得自己沒用的內在羞恥感

在中國神話故事裡，李靖對哪吒的愛就是典型的「有條件的愛」。李靖要求哪吒必須表現完美、無可挑剔，卻從未眞正考慮哪吒內心眞正想要的是什麼。這種充滿批判和壓力的愛，讓哪吒無法承受，甚至選擇用傷害自己的方式來證明淸白。

心理學家將這種狀況稱爲「有條件的愛」〔註1〕。研究指出，這樣的愛會讓孩子內心逐漸產生一種內在羞恥感〔註2〕，這種羞恥感不同於一般做錯事情後的內疚或罪惡感，孩子會開始覺得自己整個人本身就是「不夠好」的。換句話說，孩子不再覺得是某件事做錯了，而是覺得自己本質上就是不好的、不值得被愛的。

每當景行的父親冷冷地說出「你怎麼這麼沒用」時，景行感受到的不再只是自己犯了一個錯誤，而是整個自我價值都被完全否定了。這種全盤否定的感受讓景行逐漸失去自信與自尊，最後變成一個空洞的軀殼，永遠只能拚命去滿足父親的期待與標準。

條件式自尊：不夠完美就不值得被愛

在判官型父母這種嚴苛標準下成長的孩子，很容易發展出「條件式自尊」〔註3〕。簡單來說，孩子只有在符合父母的標準，拿出漂亮的成績或表現完美的時候，才覺得自己有價值、值得被愛。但只要表現稍有不足，他們內心就會充滿焦慮和空虛，因爲他們深深相信：如果自己不是完美的，就不値得被愛。

景行就是這樣一個孩子。他早就忘了自己眞正喜歡的是什麼，滿腦子想的只有如何讓父親滿意。他甚至開始害怕房間裡牆上貼滿的獎狀，因爲每一張獎狀都代表著更高的期待與標準。每當他再拿到一張獎狀，父親眼裡沒有驕傲或讚賞，只剩下一句冷淡的：「這只是開始，不要得意忘形。」這樣的反應讓景行感覺自己彷彿被困在一座無形的高塔裡，永遠逃不出去。這種無法紓解的壓力，與神話裡哪吒最終選擇自我毀滅來表達抗議的悲劇，驚人地相似。

心理學研究也指出，「有條件的愛」很容易讓孩子陷入一種稱爲「他人導向的完美主義」〔註4〕的狀態。孩子會覺得自己必須隨時隨地符合父母或社會的期待，表現出毫無瑕疵的完美才有資格被愛，任何一點失敗或錯誤都是無法接受的。長久以來，這種過高的自我要求會使他們內心充滿焦慮和憂鬱，甚至出現自我批判、自我攻擊的傾向。

完美主義的陷阱：焦慮與憂鬱的溫床

神話中哪吒最終選擇自刎，就是這種完美主義帶來極端壓力的結果。當內在和外在的壓力累積到無法承受時，他選擇了最悲劇的方式來證明自己的清白。景行內心的掙扎也非常相似。他的父親設下的那些高標準，就如同李靖手中的混天綾與乾坤圈，看似是在保護孩子，實際上卻嚴重地束縛了孩子的心靈，讓他無法眞正地呼吸，也無法放鬆，更無法看見自己內心眞正想要的是什麼。

長久累積下來，景行的情緒越來越不穩定。每當他感覺內心的壓力已經快要承受不住時，就會脫口說出一些連自己都感到意外的狠話。這些尖銳的話語就像他用盡最後一絲力氣築起的防護牆，只爲了掩飾內心深處的害怕與無助。

「我才不要當你們的孩子！我要離家出走！」

他站在家門口，眼圈紅紅的，手指死死攥著書包帶子，聲音尖銳而顫抖，就像一隻害怕得炸毛的小動物，拚命想掩飾自己的脆弱與委屈。

母親慌張地上前抱住他，溫柔地安撫：「景行，怎麼了？別這樣說，媽媽在這裡啊。」

然而父親卻用冰冷而不耐煩的語氣回應：「鬧夠了沒有？還不快去寫作業！」

景行用力掙開母親的懷抱，眼淚無法控制地往下掉，但他卻死命咬著嘴唇，不肯讓哭聲發出來。他的眼神裡充滿倔強和憤怒，彷彿燃燒的火焰，讓整個房間的氣氛都變得灼熱而緊繃。

「我就是不寫！我不要聽你的，你憑什麼管我！」

他瞪著父親，聲音裡充滿了悲憤與絕望，卻也隱藏著一絲絲恐懼。

那一刻，景行彷彿置身於一個冷冰冰的審判台前，面對著父親那雙永遠充滿挑剔和失望的眼睛。讓人想起神話中哪吒被李靖逼到絕境時，憤怒又絕望地喊出：「還你血肉，還你性命！」

愛不應是牢籠與控制，而是支持與放手

在神話故事中，哪吒自刎以證明自己的清白後，他的靈魂回到了師父太乙眞人的身邊。太乙眞人看見徒弟如此絕望，便決定幫助他重生。重生後的哪吒再次回到人間，李靖終於逐漸理解，他的兒子並非刻意與自己作對，而是爲了掙脫那份沉重的束縛與枷鎖。最終，李靖選擇了放下手中象徵權威與掌控的武器——乾坤圈與混天綾，接受了哪吒走上屬於自己的道路，不再試圖用嚴苛的標準去左右他的生命。

李靖終於理解愛不應是牢籠與控制，而是支持與放手，允許孩子追尋自己眞正的樣貌與人生，最終他放手讓哪吒走向自己的命運。而回到現實世界中孩子的生命只有一次，無法重生，景行的父親呢？他是否願意放下那副冰冷的乾坤圈，讓愛重新找回溫度？

我眞心希望，哪吒與李靖的悲劇，僅存在於神話之中，不要再發生在現實的家庭裡。

註

1 有條件的愛（Conditional Love）：心理學家 Alice Miller 在著作《*The Drama of the Gifted Child*》中提出，指父母只在孩子達到某些標準時，才給予愛與認可。

2 內在羞恥感（Internalized Shame）：這是一種深層的負面情緒，孩子會認爲自己的整個人是有缺陷的、不夠好的，而不是單純覺得某個行爲是錯的。

3 條件式自尊（Contingent Self-Esteem）：心理學家 Susan Harter 在著作《*The Construction of the Self: A Developmental Perspective*》中提出，描述只有達到外在標準時才覺得自己有價值的一種心理狀態。

4 他人導向的完美主義（Socially-Prescribed Perfectionism）：心理學家 Flett、Hewitt 及 Sherry 在《*Perfectionism: Theory, Research, and Treatment*》中提到，指個人認爲只有滿足別人的期待才能被接納，因此自我設定了過高且不切實際的標準，容易引發焦慮與憂鬱。

專欄

你家也有熊寶貝嗎？

有些孩子天生就是「領導型角色」：有想法、有主張，也有很強烈的內在劇本。他們喜歡掌控劇情走向，也希望一切「照他心中的舞台」演出。這樣的特質既充滿力量，也需要我們溫柔地陪伴和引導。請根據你平常的觀察，爲每一項選擇適合的分數（0～5分）並加總：

測驗

1 立場宣告戲：當他有想法，語氣與眼神都寫著「我就是這樣想！」，毫不動搖。

0　1　2　3　4　5

2 劇本堅持場：總希望照自己的流程進行，如果別人改了他的戲，就會出現衝突。

0　1　2　3　4　5

3 導演全場秀：從衣服到晚餐，他都有明確偏好，希望自己說了算。

0　1　2　3　4　5

4 首映抗拒場：對新東西說「不要」比「好啊」快十倍，拒絕嘗試是他的第一反應。

0　1　2　3　4　5

5 輸不得的比賽戲：輸了遊戲就像輸了一場人生戰役，情緒低落久久不退場。

0　1　2　3　4　5

計分方式

5分＝幾乎天天上演這個畫面，強度很高

3分＝偶爾會出現，強度中等

0分＝很少或幾乎沒有發生

總分解讀

你的孩子，有多少「熊寶貝」的能量？

22－25分：高度人格傾向：個性非常明確，爲主要觀察重點

18－21分：中度人格傾向：個性趨勢已具代表性，但仍受其他特質影響

17分以下：較低人格傾向：此特質可能只是某些情境下偶爾表現

小提醒

萬叔情緒教育學院實際分析了近千位家長的訪談紀錄，從每一位孩子的分數中歸納出：高於21分，代表這個特質比較明顯；22分以上就很突出。18～20分則是中等傾向，可能會受其他特質影響而有所變化。這套分數區間，是我們根據實際數據歸納出的「參考依據」，要記得，人格從來不是單一的，我們每個人都有很多面向，像是一座森林，內心住著不只一位角色。

熊寶貝的親職攻略

針對熊寶貝的人格特質，我們可以用以下方式跟他相處：

1 給孩子更多選擇的自由

爲了減少對未知的不安，孩子容易表現得過於強勢。可以試著讓孩子自己決定要如何執行活動、選擇喜歡的主題等，擁有更多選擇權會使他的內心更安定。因爲如果你越強勢、你對他的控制欲越多，當你給他越多選擇的時候，他的防禦心就會降下來。如果你擔心給他太多選擇，那麼你要好好思考一下，爲什麼自己會有這樣的擔心，是否你也怕失去控制？

在此提供一個給予選擇的小祕訣，我們可以把合理的選擇分成不同的選項，讓孩子去做選擇。例如如果孩子還想要再玩一下，但你希望他能在十分鐘內結束，那麼可以給他三個選擇：第一個是兩分鐘結束，如果能準時結束的話，可以得到很大的獎勵；第二個是五分鐘結束，加上一個小獎勵；第三個是七分鐘，沒有獎勵。你不用擔心給他太多選擇，而是要讓他覺得自己有選擇的權利，但這些選擇一定要在合理的範圍內。

2 讓孩子知道自己做得到

熊寶貝通常會用盡各種手段贏得勝利，他的好勝、防備往往是因爲害怕失敗、對挫折恐懼。統計指出，一般孩子只需要60%左右的成功率就足夠滿意了，但熊寶貝會需要80到90%的成功率才能獲得足夠的信心。因此你要做的是從旁協助孩子，讓他獲得成就感。而這件事情只需要我們將困難的挑戰拆分，讓孩子在心裡能感覺到自己獲得了很多成就，因爲比起完成一次大挑戰，完成許多次小挑戰更能幫助孩子建立自信。

3 親子共遊

熊寶貝在面對新環境或沒嘗試過的挑戰時，往往會抗拒，這並不是因爲他們調皮、喜歡和人作對，而是他們面對新事物的未知還有對於失敗後被嘲笑的恐懼，讓他們選擇拒絕新的可能性。因此，當你邀請孩子從事他不熟悉的活動時，可以讓孩子也部分主導活動的設計，像是和他共同制定遊戲規則、決定進行方式等，降低孩子的防備心，讓孩子更願意跨出舒適圈，讓孩子表達意見的同時，也必須掌握好自己的原則，引導孩子學習在和他人意見不同時，溝通出彼此的共識而非堅持己見，練習在主導和配合間取得平衡。

萬叔教養心法

想更進一步陪孩子走進內心世界嗎？

→想知道孩子還有哪些潛在特質尚未被看見？

→想讓情緒教育團隊協助你讀懂孩子的情緒與需求？

歡迎加入萬叔團隊的「情緒教育 LINE 社群」

掃描右方 QR code，進入官網後，點擊加入社群，留言「遠流」即可進入。

未來所有實體講座、家長工作坊與體驗活動的時間、地點與報名連結，都會優先在 LINE 社群中公布。

部分場次將採限額報名、或憑書入場，

社群享優先取得資訊與報名資格！

3-4

親子共演的角色互換遊戲

在戲劇心理學中，我們深信「行爲是心靈的劇場」，透過角色扮演、身體動作與象徵性表達，孩子能夠把內在難以言說的經驗外化。而親子共演，則提供了重塑關係與經驗的空間。

角色互換遊戲：你演我，我演你

遊戲目標

這是一個適合初次嘗試的親子角色扮演遊戲。透過模仿彼此的日常行爲，孩子可以自然地表達對家庭互動的理解與感受，而父母也有機會從孩子的視角看見自己平常的樣子。這場遊戲不需要道具、不需要演技，卻能在歡笑與輕鬆中打開親子的心門。

操作流程

請家長先邀請孩子參與：「我們來玩一個模仿遊戲，你今天來演演看媽媽或爸爸平常的樣子，好嗎？」爲了讓孩子更容易進入狀況，可以請他從幾個熟悉的生活時刻中選擇，例如「早上叫你起床的時候」、「吃飯時我叫你多吃一點菜」、「洗澡前我催你動作快一點」等，選出一個孩子覺得最有印象的場景即可。

當孩子開始模仿你時，請你配合他的引導，反過來扮演孩子自己。例如，如果孩子模仿你說：「快點啦，不要再拖了！」那麼你可以模仿孩子說：「再一下下就好嘛～我不想動啦～」這樣的角色互換不需要演得像，只要照著孩子的提示，盡量眞誠地演出「他眼中的你」就可以了。

整段模仿演出約控制在五分鐘以內，避免太長或太複雜。重點不在於演技，而是讓孩子感受到他被傾聽、被理解，你願意用他的方式「看見自己」。

對話引導與感受分享

在遊戲結束後，邀請孩子一起坐下來聊聊剛剛的遊戲。你可以溫和地問：「你剛剛演的那一段，我眞的有這樣說過嗎？你當時的感覺是什麼？」或是說：「你演得很像耶，原來我講這些話的時候，你會有這種想法啊。」這些對話不要追問或解釋，只要帶著好奇與真誠傾聽、接納孩子的視角，孩子便會更願意分享內在的感受。

若孩子模仿的內容讓你感到驚訝或不舒服（例如，他模仿你生氣時大吼的樣子），請不要立刻否認或責備，而是溫柔地說：「原來你記得這件事，那你當時的心情是什麼？」這會讓孩子感受到，你並不是在否定他的感受，而是願意理解他的經驗。

家長須知

這場遊戲的重點在於「彼此看見」，不是在於誰演得像，也不是在糾正孩子的說法。在遊戲過程中，家長請放下「要教孩子什麼」的期待，單純體驗「孩子怎麼看我、怎麼感受我」。這是一場彼此練習理解與包容的過程，你越開放越接納孩子的演出，你越有機會了解孩子的視角。

若孩子在遊戲中出現情緒、沉默，或不願配合，請尊重他的節奏，不需強求。你可以改天再試一次，也可以從你先開始演「他」的樣子，讓他漸漸產生好奇與安全感。

戲劇心理學觀點

本活動運用了心理劇（Psychodrama）中的「角色互換」（Role Reversal）技巧，角色互換不僅是一種扮演的行爲，更是一種情感上的移情與理解。對孩子而言，模仿父母是一種最原始、最自然的學習與表達方式。在這個遊戲中，孩子將自己的觀察、感受與期待，投射在對父母角色的扮演上。對父母而言，扮演孩子是一種跳脫慣性角色的練習，也是一種用身體去理解孩子情緒世界的機會。這樣的互動有助於鬆動家庭中原本的權力結構與角色定型，讓孩子感受到自己被看見，也讓父母學會用新的方式與孩子靠近。在家庭的舞台上，我們都不只是演員，也是彼此最重要的觀衆與導演。

第四章

父母爲什麼難以放手：親子衝突中父母的內在糾結

你怎麼可以讓我們失望
這是媽爲你熬夜的報應
我放棄升職就是爲了你

4-1

父母全心全意的關愛，在孩子眼中竟成了控制

艾美疲憊地坐在沙發上，手裡捧著一杯熱茶，卻一口都沒喝。茶香安撫不了她心裡的焦慮。她回想起早上帶兒子冠宇去看兒童內分泌科，醫生說：「孩子的生長板快閉合了，如果還想長高，這一兩年是最後的機會。」

這句話像顆炸彈，炸裂的不是數字，而是她一直堅信的育兒方式。她總以爲，只要營養均衡、作息正常，孩子自然會長大。但現在，她開始懷疑自己是不是錯過了什麼。

餐桌上的戰爭：媽媽的身高焦慮

「冠宇現在才一五〇公分，已經高年級了，怎麼辦？」她顫抖地輕聲問。「我

問過很多媽媽，也觀察那些突然長高的孩子……他們吃很多，胃口像黑洞。可我兒子，吃得少，睡很多，還是不長。」她停頓了一下，像是在壓下情緒。「我查到資料說，發育期要先吃蛋白質才吸收得好。可他每次都先吃飯，肉才咬兩口，這樣不是浪費了黃金期嗎？」她語氣裡滿是無奈，也有堅持——那是一種母親特有的愛，總帶著焦急與用力。

她想起前天晚餐的場景。冠宇坐在餐桌前，看起來像是在和飯對抗。他夾了一大口飯，剛要吞下，艾美就提醒：「先吃雞肉好不好？雞胸肉配山藥湯，對長高有幫助。」

「媽媽，我就是想先吃飯啊！」冠宇皺著眉回答。

艾美的心緊了一下。她壓著怒氣，盡量平靜地說：「飯吃太多，肉就吃不下了。這樣怎麼長高？」

這段對話在外人眼中或許只是小爭執，對艾美而言，卻是一場與時間賽跑的戰爭。對冠宇來說，那不只是先吃雞肉，而是一句吞不下的命令，是還沒消化的情緒。

孩子的身體記憶：吞不下去的雞肉，說不出口的話

沒人知道，冠宇不愛吃肉，不是因為挑食。從小，他就很抗拒乾硬食物，像是牛排、雞腿、甚至胡蘿蔔條，咀嚼對他來說，是痛苦的任務。他的咀嚼力發展比同齡孩子慢，吞嚥也總是艱難的。這些表面上被當作「發展遲緩」的現象，其實背後藏著一段身體創傷記憶的劇本。

嬰兒時期的冠宇有吞嚥困難的問題，只能進食流質。四歲之前，幾乎無法發出完整句子。當別的孩子說「我要糖果」時，他只能比手畫腳，急切而挫敗。語言與吞嚥，這兩種看似無關的功能，在冠宇的生命裡卻交織成一個重要的訊息——他不被理解，也不被允許拒絕。而這段「說不出口、吞不下去」的歷史，直到現在仍在重演。

每當媽媽說「先吃肉」，他的身體就自動進入戒備。那不是單純的不配合，而是他的創傷劇本再次被啟動，那一刻他像是回到過去，神經系統彷彿還停留在三歲：害怕、僵硬、抗拒。

孩子的聽話，是恐懼記憶從未消散。他的抗拒，是童年的沉默仍在蔓延。

母親的劇場：從焦慮到恍然大悟

那頓晚餐後，艾美獨自坐在餐桌前，望著桌上剩下的半碗雞湯。湯裡浮著幾顆枸杞，那是她特地請中醫師配的「轉骨配方」。她看著湯，不禁問自己為什麼冠宇從小就特別愛喝湯，卻不吃肉？

她想起了他四歲前只能喝流質、不能說話的那幾年。忽然之間，她好像被什麼擊中似的，心裡泛起一陣酸楚。「原來，他不是在反抗我。他只是在保護自己……他怕的，不是雞肉，是那些他曾經無法說出口的害怕。」她紅了眼眶。

她開始明白，那不是叛逆，是一種創傷性的自我防衛，是潛意識在說：「我很努力了，可是我真的怕。」

她回想起一位曾一起上媽媽成長課的朋友說過：「孩子會用身體說話，只是你沒聽懂。」

這句話，此刻像一顆種子，在她的心裡破土而出。

父母的創傷劇本：愛與控制的雙重聲音

我們常說孩子「不受控」，但什麼才叫「受控」？是在餐桌上聽話吃飯，還是在人生每一步都照著我們寫好的劇本走？

那天晚餐後，艾美回到房間，腦中還在排演剛剛的情節。她關上門，卻關不掉心裡的疲憊。她不是沒察覺：每天早起燉湯、準備便當，心裡總有個聲音在問：「這是爲了他，還是爲了讓我自己安心？」

這個問題她不敢深想。在她的教養邏輯裡，長高代表安全，吃肉代表努力，拒絕就是叛逆。但她突然發現，自己給孩子的舞台，看似爲他好，不是爲了讓他成爲自己，而是爲了避開「萬一他不夠好」的痛。

「我不是控制狂，我只是很怕……」她默默對自己說。

怕什麼？怕這世界不寬容，怕孩子做錯選擇，怕一個不夠高的身影在人群中被忽略、被嘲笑、被拒絕。

這些恐懼並非無中生有，而是從她童年就種下的。那時父親常說：「個子不高，什麼都吃虧。」同學笑她：「妳是不是小一走錯班？」她笑著附和，笑著低頭，笑著背對鏡子，卻從未真正覺得自己「夠好」。

她看著冠宇，就像看著年幼的自己。她只希望孩子能比她更有選擇、更有安全感。哪怕這代表她得更用力地推、而孩子得更乖地配合。

由於自己童年缺乏，因此想彌補在孩子身上

艾美的餐桌上，總少不了一碗湯、一盤肉，和一雙滿懷期待的眼神。

「這雞湯是我早上五點起來燉的，還加了枸杞和黃耆喔。」她一邊說，一邊夾肉放進冠宇的碗裡。

冠宇皺了皺眉，沒回話，只悶悶地夾起一口白飯。

「怎麼又先吃飯？」艾美語氣不大，卻像根繃緊的弦，在餐桌上嗡然作響。坐在一旁的外公也加入：「你知道你媽媽小時候多苦嗎？哪像你現在這麼好命，還挑食？」

這樣的對話，像是一場跨世代的合唱，也是一齣圍繞「吃」展開的歷史重演。

艾美小時候家境不好，餐桌像戰場，誰搶得快、誰就長得壯。她記得哥哥總能搶到最多的肉，高大又強壯；而她瘦小內向，常被說「不爭氣」。從那時起，吃飽對她來說，不只是塡飽肚子，而是一種證明自己「夠好」的方式。

她不想讓孩子再受那樣的苦。於是她變成營養研究者、資料查詢員，甚至兼任中醫理療師，只爲了「要讓兒子贏在起跑點」。

但她沒發現，那個「起跑點」鋪的地磚，其實來自她過去匱乏的童年。她的努力，可能正變成孩子無形的壓力。那塊肉，變成了一道命令；那碗湯，沒有溫暖，藏著一種無聲的請求：「請你不要重蹈我的覆轍。」

孩子的沉默與反抗

冠宇不是沒試過吃雞肉。但是每一次咬下去的那一刻，總像有什麼硬硬的東西堵在喉嚨。不是他現在咀嚼有問題，而是身體記憶在抗議。那是他童年時的「隱形語言」。

四歲前，他不會說話。別人以爲他沉默是因爲內向，但他知道，他只是說了沒人聽見。那段時間他學會了：當說出來沒用時，乾脆不說。

於是，他開始畫畫。他畫自己是隻鳥，飛不高，但翅膀用力地拍。他畫房子，總是一半沒畫完。畫媽媽的時候，媽媽的眼睛很大，卻沒有嘴巴。

「媽媽沒有嘴巴嗎？」有次老師問他。他搖搖頭，低聲說：「媽媽會說話，但她不會聽。」

這句話被老師寫進聯絡簿，艾美沒說什麼，但那天她默默收起了畫紙。冠宇從此畫得更少了。

他開始轉向「吃飯時的沉默」當作抵抗。那不只是偏好順序的問題，而是一種對於身體自主權的宣示。你不能逼我吞下你要我成爲的人。

透過情緒劇本破解身體記憶：孩子終於說出口的那句話

艾美帶著冠宇來到萬叔的情緒教育劇場，想要解開母子的衝突。課堂上，萬叔讓冠宇在情緒劇本中選一個角色：冒險家。他要演的是一位被困在「吞噬森林」裡的孩子，每一口食物都可能觸發「怪獸警報」。

「你可以決定這角色的名字，也可以告訴我們，他最怕什麼。」萬叔說。

冠宇想了幾秒，然後用粉筆在黑板上寫下：「吞吞俠」。他說：「他怕一種東西，不是肉，是一種……很硬的命令。」

教室裡一片寂靜。這句話像是從某個很深的地方被挖出來，甚至連他自己都愣了一下。

冠宇特別投入這個情境。他把一根長條枕頭當作炸藥，模擬自己每一次被逼吃肉的時候內心的爆炸。他設計了一個場景，吞吞俠每吞下一口食物，森林的樹就會枯萎一點。森林就像是他的心，好累好累，萬叔看見了他的乏

力，同理地對他說：「感覺你不是不願意吃，是吃不下去那個要你長高的焦慮與期待。」

聽到這個故事的艾美紅了眼眶。這是她第一次不是在餐桌上，看見孩子眞正的聲音。她忽然意識到，那些她以爲的挑食、固執、不懂事，其實都是冠宇在用全身力氣表達：「你聽得懂我嗎？」

媽媽的練習：鬆手不代表不愛

「我從來沒有不愛他。」那晚回家的路上，艾美坐在副駕座望著窗外低語。

她開始理解：她的愛之所以讓人窒息，不是因爲太少，而是因爲太密、不留縫隙。

她記得萬叔說過一句話：「控制的背後，是恐懼；而恐懼，來自我們曾經被忽略的地方。」

她想起自己童年時母親總說：「你長不高，是因爲你不乖。」那是一種從小內化的創傷劇本：如果我夠好，就會被愛。如果我不好，就要用成就換取肯定。

她回頭看冠宇，那個正在看窗外發呆的孩子。她忽然想重新來過，重新開啓一個新的親子情緒劇本：一個可以說「我不想吃」、可以說「我怕」、甚至可以說「我不知道怎麼辦」的自由腳本。

從那天起，她開始練習新的台詞。「你想吃什麼，我陪你想辦法。」「今天不吃肉沒關係，我們明天一起換一種方式。」「如果你覺得不舒服，我想聽你說。」

她發現，這些話說出口的當下，自己內心某個被卡住的地方，終於流動了。

4-2

解套親子矛盾：找回彈性、溝通與和解

面對親子衝突，解套的方法，就是重新編寫劇本，與孩子共創一場身體與情緒的和解旅程。在親子的情緒劇本裡，父母最難演的角色，往往是「我該怎麼做才能不傷害你，又堅持我認爲重要的事？」艾美就是在這樣的角色困境中，一次次卡住。

而我們的工作，不只是幫她找到解法，而是陪她重新練習一種「與情緒共舞」的覺察：不再糾結在「我該怎麼做？」的做法，而是退一步，回頭看見「我發生了什麼事情，我爲什麼這麼執著在這件事上？」的心理彈性。

第一步：讓情緒有空間呼吸，而非只爲問題找答案

那天的對話，艾美的聲音像是一把繃緊的弓弦。她坐在教室角落的小沙發上，

雙手交握。

「我知道我逼他吃肉，他很不舒服，可是……我真的怕他長不高。」她低聲說。

「感覺你擔心他長不高甚至已經到了破壞親子關係的地步，我想了解你內心深處害怕的可能會是什麼？」我問。

她愣了一下，說：「怕他以後受限、怕他遺憾、怕我沒做到該做的。」她說完，臉突然紅了，彷彿吐露了某個她極力隱藏的情緒。

我問：「現在的你，如果用一個顏色來形容會是什麼樣子？」

「紅色，很刺、很躁。」她毫不猶豫地說。

我微笑：「那麼，如果有個對比色，能讓你穩下來，是什麼？」

「……白色。就像孩子睡著時，我看著他的樣子，會覺得安靜又心疼。」

我請她把紅與白具象化，像是兩顆球一樣，放在自己的左手與右手，就像兩個她能夠掌握的角色，一邊是「不想放手的控制」，一邊是「渴望信任的安靜」。接著問她，會想

對這兩個角色說什麼？

她看著手掌，輕聲說：「紅色的我，謝謝你那麼努力地守護這個家。白色的我，請你再多靠近一點，我需要你幫我冷靜下來，不然我會失去孩子。」

我請她想像要怎麼擺放這兩顆球？她把紅色球放到沙發的另一邊，白色球放在胸口。「我好像……終於願意讓焦慮離開一下了。」

這是在情緒劇場裡重要的一刻：主角終於對「衝突中的自己」說出話，能夠客觀地看見自己的焦慮，表達出內心戲，並願意重新安排內在角色的位置。

小練習

請你停下來，閉上眼，問自己：

- 現在的我，像是什麼顏色？
- 我害怕什麼？
- 如果把這個害怕做成一個球，它會是什麼質地、什麼大小？
- 我會想對它說什麼？我想怎麼擺放它？

你不需要一下子解決問題，你可以給自己多一點空間。這是重寫劇本的第一步。

第二步：不只找替代方案，而是替代那個「非得要完美的自己」

艾美開始願意放下「只有吃肉才能長高」的信念後，我們開始聊——那麼，我們可以怎麼跟冠宇一起找到新的方式？

「他說咬肉會想吐。」她說。

「那不是挑食，是身體記憶在說話。」我提醒她，「妳可以想像，他的喉嚨像一個關著的劇院舞台，每次你說『吃肉』，舞台充滿著壓力。」

她想了想，苦笑：「那我是不是在逼他一直演他不想演的角色？」

我點頭，說：「那我們一起幫他換劇本。」

我們一起列了幾個選項：打碎的肉、蛋白飲、豆腐、蛋花湯、滷蛋、牛奶、魚粥、甚至是加蛋白粉的香蕉牛奶。不是爲了妥協，而是幫冠宇這個冒險家找到適合的方向。

這時候，艾美輕聲說了一句：「其實我小時候最怕的食物是青椒，可是媽媽每次都罵我不懂事……我也不敢說我怕，我只說我不餓。」

那一刻，我們都靜了下來。

回到了自己的童年劇本，她更能同理孩子的沉默，她太懂「不能說出眞實感受」的情緒劇本了。

小練習

請你也試著問問自己：

- 我小時候有什麼害怕但無法表達的感受嗎？
- 我現在會不會也在重演那些「不能說出眞心話」的模式？

第三步：共創新劇本，搭起溝通的橋梁

「根據你對媽媽的了解，你覺得怎麼做，你們比較不會吵架？」我問冠宇。

「她改不了啦，不過我可以說話不要那麼衝。」他半開玩笑地說。

「你好像也變得比較有彈性，開始願意溝通，這像是什麼感覺？」

「像……我終於不是那個一直被罵的孩子，而是可以跟她商量的人。」

那天回家前，他主動對媽媽說：「我可以喝蛋白飲。你要不要陪我一起找一種

好喝的？」

艾美紅了眼眶。她沒想到，孩子一直在等一個「可以商量的入口」。

我們告訴父母很多次：「要放下控制」，但其實，沒有人能眞正放下控制，除非他先感受到安全。

小練習

你願意試著從「先讓自己安全」開始嗎？

寫下你在孩子面前最常出現的控制語句（例如：「你一定要……」、「你爲什麼不……」）

想像那句話背後，是什麼樣的焦慮與害怕？現在，替那句話換一個版本：

- 你一定要先吃肉↓換成：我們一起想一種你比較喜歡的蛋白質來源，好嗎
- 你爲什麼那麼慢？↓換成：感覺你現在需要多一點時間，我在這裡陪你。

你不需要馬上做到完美，但你可以開始嘗試改寫。因爲眞正的成長，是親子都願意拿掉盔甲，讓彼此靠近一點點。

不要爲了愛成爲烈士

關係的縫補，不像感冒吃藥可以三天見效，也不是誰先低頭就能解決。它更像一場慢熱的舞，一步錯了，彼此就容易踩痛。但如果有一刻，兩個人都願意放慢腳步，不再只堅持自己的節奏，而是試著聽見對方的節拍，這就是和解的起點。

「長高這件事，跟親子關係，從來不是只能選一個。」我對艾美說：「我們不需要變成爲愛犧牲一切的烈士，也不需要演那個即使孩子恨你也要堅持到底的人。那樣的堅持，如果踩在關係的瓦礫上，最後反而什麼也留不下。」

她沉默了一下，低聲說：「我以前眞的這樣想過……我告訴自己，就算他恨我都沒關係，長高比較重要……以後他會懂的。」

我望著她，緩緩問道：「如果有一天，他眞的長高了，可是和你連話都不想講了呢？你想給他的

你怎麼可以讓我們失望
這是媽爲你
熬夜的報應
我放棄升職就是爲了你

『好』，他還會願意收下嗎？」

艾美的喉嚨像被什麼哽住了，沒能立刻回答。我等著，給她空間。

「有沒有可能……你其實不是眞的願意他恨你，而是你以爲，那是你唯一能掌控的退路？」我輕聲問。

她的眼眶紅了，「我只是太怕什麼都來不及……怕錯過這個黃金期……怕做得不夠……」

「我懂你害怕的心。但也許我們可以一起想一想：有沒有一種方式，讓他能夠健康長大，又不需要把你推出心門之外？」

我看著她，沒有催促，想起她爲孩子所付出的一切：早上五點起床，只爲了熬一鍋她覺得最有營養的雞湯。她說：「我只吃雞腳就好，只要他喝了，就不會輸給別人。」

她太怕自己做得不夠，於是她做了更多、再更多，甚至忘了問：「我爲什麼要這麼做？孩子眞正需要的是什麼？」

但當父母爲了孩子不斷犧牲，反而會讓孩子活在一個被遮蔽的世界——一個不需要面對現實、不需要負擔後果的世界。

過度保護，讓孩子喪失現實感

因爲一切都被安排好了，孩子就不用去感受飢餓、不便、失敗，也不會眞的去認識什麼是代價、什麼是選擇。

當一個孩子從小被父母的犧牲包裹得太好，他的心靈也可能會失去對「現實感」的磨練。

冠宇曾跟我說：「我覺得自己這樣就很好，不想長高、也不想改變，這樣在籃球場上靠我的速度還是能贏。」在他說這句話的時候，我看著他那像是小二般瘦弱的身軀，我感到他已經開始塑造了一個自我滿足的海市蜃樓，確實他必須要靠著塡補滿足自我的泡泡，才能面對每天在籃球場上面對同齡又高又壯的孩子帶給他的挫敗。當我跟他在教室中模擬競賽，他的運動表現要跟同學們在球場上競技肯定讓他處於劣勢，但他不在乎，他無意識蒙蔽自己的雙眼，因爲冠宇的現實感被母親犧牲奉獻所蒙蔽，他膨脹的自我，摸不到現實的邊際，烈士的母親完美地保護了他面對外面世界的挫折，他用了一個過度樂觀、魯夫式的心態去面對球場、交友、學習的挫折，因爲這一切媽媽都會處理，這份立意良善的保護反而沒辦法讓他接軌現實，什麼時候他才能離開這個媽媽一直安排好一切的泡泡呢？

愛要有界線，不該是犧牲與討好

孩子不是不願意長大，只是他從來沒被允許經歷「成長會痛」的那一面。父母為了愛所做的犧牲，如果沒有意識與界線，不但會埋沒孩子的現實感，也會扭曲孩子對愛的理解。

因為當一個人從小學到的「愛」是：「我為你犧牲一切，所以你也必須乖、必須聽話、必須活出我期待的樣子」，那孩子就會困在兩難裡：如果我忠於自己，我就辜負了你；但如果我討好你，我就失去了我自己。

這像是沉重的交換合約。眞正的和解，不只是媽媽放下控制，也不只是孩子點頭配合。而是兩個人開始學會，用「眞實的自己」來靠近對方。艾美不再只是那個早起熬湯的烈士媽媽；冠宇，也不只是那個拒絕吃飯的叛逆孩子。

他們開始重新相遇，在那個不完美、但眞實的世界裡。

他們一起，重新學會怎麼相愛。

4-3 透過自我探索，找回教養中的平靜

你還記得艾美是如何透過紅色和白色的充氣球，找到自我平靜的嗎？這邊我把活動的流程分享出來，你可以找一個放鬆與私密的空間來做自我探索。以下是暖身的準備：

找回彈性的練習與準備

建立安全環境：找一個讓你感到安全的空間，能自由自在地表達自己的情感和想法。通常家裡不一定是能 100% 感到安心的地方，因爲有很多秘密在家中是不能被說出來的。

暖身：進行身心放鬆的練習，如深呼吸、肌肉放鬆等，有助於幫降低焦慮和緊張感。

專注力：專注在自己的各種感官，注意當下的感覺、情緒和身體感受。

情緒準備：爲自己準備一個資源補充包，裡面放一些能讓你感到安心的小物品，如玩偶、花草茶、枕頭等。同時告訴自己：我要進入一個探索的旅程，旅程中可能會遇到不同的情況。要先對你的狀態產生好奇，把任何有評價的想法放在一旁。這麼做可以幫你準備好面對和探索各種情緒，包括愉悅的、不愉悅的和挑戰性的情緒。

放下期望：自我探索是一個動態的過程，可能會帶來意想不到的收穫和挑戰。放下任何心中的想像，跟著當下的感覺走是最重要的。

表達形式：想想適合自己的表達形式，如戲劇、藝術、寫作等，用自己最舒適的方式表達自己。

支持和鼓勵：在自我探索過程中，如果你發現需要他人的支持，找一位你能信賴，並且願意無條件支持你的人陪同。如果你發現自己沒有辦法做到，或者沒有適合的陪同人選，那麼請你尋求專業的心理工作者來協助，不要繼續下列的步驟。

給自己正向的鼓勵：相信自己有能力面對和解決內在的挑戰。

進入探索自己的旅程

透過上述暖身步驟，我們可以靜下心來感受自己內在的情感和想法，進行有意義的自我探索和成長。接下來邀請你一起進入探索自己的旅程：

1 心情分享

請你分享當前的心情，可以是單一詞語或描述。

如果你沒有辦法辨識自己的情緒，這是很正常的，表示你在小時候沒有機會去把情緒對應到自己身上。

2 心情轉換

將該情緒想像成一種顏色，並探索其特質和感受。用你的直覺去想像，並且描述一下如果這個顏色變成了一個物件，會是什麼樣的質感？是毛茸茸的、粗粗的、硬硬的、輕的、軟的？

想像與該情緒相反的顏色，探索其特質和感受。

3 身體感受

使用左手或右手分別代表兩種情緒顏色。

舉起雙手，將其置於天秤的姿勢，感受手掌中的球。

如果你發現還有其他顏色想要放上來，當然可以。跟隨著你的感受走，沒有任何限制，只要放入可承受的數量的球都可以。

4 對話與想法

對每種情緒顏色的球說出內心想法，表達感謝或需求。每個球的存在都有一個意義，例如：焦慮的黑色的球，就像是一個保護你的人，幫你預防了未來的失誤。當你用正向積極的方式來看待某個球，相信你會發現這個球存在的眞正含義。

探索每種情緒代表的意義，當你發現了球代表的涵義，爲它取一個名字吧，例如黑色的球是未來守護者。

5 擺放與調整

決定如何處理這兩種（多種）情緒，是否需要遠離或保留在身邊，或是你想要如何處理都行。

調整球的位置，以獲得心情的平衡和安寧。你一定知道這些球要放在哪裡，因為你是球的主人，用你主觀的感受來與這些球互動吧！

6 **稱讚與感謝**

這個探索過程就像是一個情緒劇本，把你的探索用一句話做總結，給這個劇本一個名字。這是一個值得喝采的自我成長里程碑，請把你的收穫記錄下來。

這個探索過程能幫助你理解和處理當前的情緒，還能提供一個有力的工具，幫助你在穩定情緒、找到內心平靜後，恢復心理的彈性。

關係不是控制，而是共演

前面一篇的故事讓我們看到了一個母親對孩子深沉的愛，也讓我們理解：有時候，愛太重了，就會變成壓力；關心太滿了，就可能讓關係失衡。以下三個教養心法，幫助我們在愛與期待之間，找到更溫柔的平衡。

1 覺察自己：你想爲孩子好，還是想孩子完成你心中的好？

當你非常想要孩子「做到某件事」，不妨先停下來問自己一句話：「這眞的是他想要的嗎？還是我替他想的？」就像艾美，她堅持孩子一定要長高，因爲她擔心未來會吃虧。但當我們深挖這份執著時，才發現那背後藏著她童年面對匱乏的焦慮與恐懼——她不是單純要孩子吃肉，而是潛意識裡對過去說：「不能再錯過了。」

當父母願意誠實面對自己的情緒來源，就能分清楚「愛的本意」與「控制的慣性」。一旦覺察到這一點，就能減少將個人未竟之願投射在孩子身上，進而尊重孩子的發展節奏，讓他們活出自己。

2 練習換位思考：孩子不是在唱反調，而是在表達「我有話要說」

孩子抗拒一件事時，不一定是叛逆。他們的身體，可能正在說話。他們無法像成人一樣用語言解釋情緒，於是用「吞不下去」、「我不要」來表達內在的困難。艾美原本以爲冠宇只是挑食，直到她透過戲劇場景重現，才第一次眞正理解——原來孩子是在自我保護。不是不合作，而是那份恐懼與抗拒早就深埋在吞嚥困難的身體記憶裡。

當我們開始練習聽懂孩子的「不配合」，就會發現背後藏著「我需要被看見」的訊號。這種理解是親子重新靠近的第一步。

3 彈性是愛的另一種形式

規則重要，但不是只有一種做法才是對的。當艾美願意調整方式，改用蛋、牛奶、魚粥等孩子能接受的形式補充蛋白質時，親子衝突也悄悄地少了。與其說服孩子去接受我們的方式，不如邀請孩子一同思考：「你怎麼吃會比較舒服？」這種提問，不只是開啓選項，也是打開彼此理解的門。

給孩子彈性，其實也是給自己空間。當孩子感覺被尊重，有選擇的餘地，他們就不再需要用反抗來爭自由。而你，也就更有機會用溫和的方式實現教養的期待。

第五章

戲劇心理學
運用在幼兒

5-1

透過遊戲，解鎖孩子的內心祕密

你是不是也曾苦惱：孩子爲什麼又生氣了？怎麼突然摔玩具、不講話、不肯睡覺？如果我們只看見孩子的行爲，很容易就貼上標籤：「你怎麼這樣！」、「又在耍脾氣！」但當我們願意往後退一步，像觀衆一樣靜靜地看著孩子這齣戲的開展，就會發現，每一個看似「失控」的行爲，其實背後都藏著一齣沒說出口的情緒劇本。

紐約大學戲劇治療所創辦人、角醒系統之父羅伯特．藍迪認爲：當我們願意「拉出一點距離」，從演員變成觀衆，角色就會不同；當角色不同，我們看事情的立場也會跟著改變。

只有當我們不再被「行爲」綁架，而是能從距離中去觀察孩子內在的劇本，才有可能眞正理解他。那我們該怎麼看懂這齣戲呢？試著把孩子的內在世界與外在行爲，想像成一場戲，仔細品嚐他的行爲、他玩的遊戲、他的情緒表現，去感同身受他說不出口的想法與感受，就像他在「演出」。
我們可以從孩子的劇本和演出中，找到許多線索，進一步理解他正在經歷什麼。尤其對語言與情緒尚在發展中的幼童來說，透過情緒劇本來「看見他」，往往比語言更直接、更清楚。

孩子壓抑情緒和口是心非，是爲了掩藏自己的焦慮

那天，我去朋友家拜訪。朋友的孩子童鳴，已經三歲了，語言表達流利。剛踏進他們家時，我感覺到一種奇怪的氛圍，原來是因爲父母剛剛在冷戰。
之前見到童鳴，他喜歡玩動物模型，平常會興高采烈地跟我聊他喜歡的動物，可是今天，他的遊戲卻和往常很不一樣。動物們一直在打架：老虎和獅子打架，獅子咬了豬，小白兔被鱷魚咬了一口。「童鳴，爲什麼今天動物們都在打架啊？」我問道，試圖了解他的內心世界。
「因爲獅子不聽話，老虎生氣了。」童鳴低著頭，小聲回答。
是的，童鳴把父母冷戰的情緒張力化做劇情，在他的劇本中呈現了出來。這件

剛發生的「冷戰」，馬上在童鳴的動物世界裡有了演出。

朋友形容童鳴是一個會壓抑自己情緒、不願意主動表達想法的孩子。比如童鳴很喜歡去公園騎滑步車，但只要是別人主動邀請，他常常會故意說不要。果真，下午我提議：「我們去公園玩，好嗎？」他的回答竟然是不要。還好，在我們的勸說和堅持下，我們一起去公園放電。

到了公園，我陪著童鳴騎滑步車。他在前面，我在後面跟著他慢慢跑。突然，從後方來了一個小男孩，嘴裡發出逼逼逼的聲音，像是在按喇叭一樣，從後面給我們壓力。這個孩子看起來像個惡霸一樣，一直對我和童鳴大聲地按喇叭，用聲音催促我們前進。我感受到一種攻擊和壓力，明明滑步道很寬，他卻偏偏要跟在我們後頭。

當時，我感到不悅，我陷入了應該在孩子面前示範處理衝突的思緒中：我開始感受他的情緒劇本，裡面有很多的想像，會不會男孩的家長可能很有企圖心，充滿競爭意識？會不會他的家裡也充滿其他家人間的衝突，男孩的生活可能也不容易，所以公園變成了他的宣洩場？當我沉思時，他加速從我們左側繞過去，我跟童鳴默默地讓開。

我為什麼想這麼多呢？因為我的處理方式會變成童鳴效仿的對象，所以要審慎評估。既然後面的孩子自己離開了，我的焦點轉換到童鳴的內心感受上。因為在他未來一定會遇到類似情況，可能有人會欺負他，他還沒來得及和對方溝通，對方就走了，更重要的是他如何整理自己的感受。

「剛剛被按喇叭感覺好不舒服喔。」我說。童鳴停下滑步車，轉過身來對我燦爛地笑了笑，「沒關係，我喜歡跟你一起玩。」他的回答讓我愣了一下，內心被他的寬容和穩定所觸動。我感到童鳴似乎能接受部分突如其來的攻擊，這種特質在這麼小的年紀裡實在難能可貴，但是往往他口頭表達的跟內心的狀態會有出入，實際上要去看見他的情緒劇本才能做出判斷，尤其我們知道童鳴本身又比較壓抑。

幼兒無法理解自己的感受，道具和遊戲可以幫助表達情緒

果然，回到家後，童鳴的遊戲方式變了。他開始讓玩具車互相按喇叭，特別是後面的車子對著前面的車子急促地按喇叭，正如我們在公園時所經歷的。我問：「你的車車在做什麼呀？他們好像今天特別躁動。」

童鳴拿著玩具車，模仿按喇叭的聲音，突然像是那個男孩一樣提高音量吼叫：「我的車子在叫其他車子讓開，因爲他們擋路了。」如同他早上經歷父母的冷戰一樣，這是他下午去公園後尚未被消化的情緒劇本，是童鳴在重新理解和處理他所經歷的。

我思考著該如何幫助他表達內心的感受。我決定進入他的劇本來引導他。我拿起另一輛玩具車，從旁邊滑入，加入了車陣。「哇！這台車子被按喇叭一定感覺很不舒服。」我說，「他不知道爲什麼自己突然被這樣對待，而且還來不及跟對方說自己的心情，對方就跑了，眞是遺憾。」

童鳴停下來，默默看著我，似乎在思考我的話。「對啊，那台車子一定很不開心。」他終於表達了他心底的感受。我說：「對！把不開心的感受說出來很重要，感覺你幫車車說出來之後，舒服多了。」

「有時候，我們會遇到類似讓我們不舒服的事，感到不舒服，會讓你感到困惑和委屈。重要的是，當我們說出自己當時的心情，這樣才能更好地理解自己和處理不開心的心情。」我溫和地對他說。

童鳴點點頭，眼中閃過一道光，感覺到他豁然開朗。我摸摸他的頭。那一刻，我感到非常欣慰。我知道，幫助孩子學會表達他受傷的情感，對於他壓抑的行爲有了一個啓發。覺察自己的情感，知道自己發生了什麼事情，進而接納自己的經歷，是每個孩子都需要學會的重要課題。

認識自己的感受，是情緒教育的第一步

你有遇過孩子口是心非嗎？這樣的狀況，其實非常常見。因爲學齡前孩子的大腦還在發展中，還沒完全學會如何消化與表達情緒。在這個階段，他們往往需要大人先幫他們把情緒說出來，他們才有辦法學會「自己說」。

童鳴透過扮演那個「不斷按喇叭」的角色，重新回顧並整理了下午的經歷。雖然他表面看起來沒事，但其實內心的感受：突然被催促的驚嚇、煩躁與委屈，全都藏在那一場車車劇本裡。這些，就像冰山下的情緒，需要我們細細觀察，才能看見。

透過這段劇本，我引導童鳴一步步認識自己的心情。我們不是直接問他：「你

剛剛是不是不開心？」而是問：「那台車子現在的心情是什麼？」談「玩具車」的感受，會比談「我自己的感受」容易許多。這就是戲劇心理學裡的空間創造——我爲童鳴冰山下的情緒，建立了一個安全的舞台。這個空間裡，他可以用車車說話，也更願意對我打開心房，慢慢學會覺察與表達。

讓孩子說出他的內心戲，認識他自己，是情緒教育中最重要的一步。

我們不是要他馬上成熟、講道理，而是讓他先有機會看見：「啊，我原來是這樣感覺的啊？」

你是否也曾經有過這樣的時刻？「啊！原來是因爲我經歷了那件事，所以我才會有這樣的行爲。」這就是情緒的覺察。當我們能辨識自己的情緒、接納自己的感受，才有可能眞的放下，也才更能理解自己。這個能力，正是孩子未來在面對人際

關係、挫折、自我認同時的根本力量。

我們不能替孩子處理所有的情緒，但我們可以陪他把這齣戲好好演完。當他能說出心裡的台詞，也就離成爲眞正的自己，更近一步了。

萬叔教養心法

察覺投射，讀懂孩子的內心世界

孩子的遊戲，常常就是一齣正在上演的情緒劇本。當這些劇本反映出他們內心的衝突與感受時，家長要學會看見一件重要的事——投射。

什麼是投射？就是孩子把自己感受到但還說不出口的情緒，投射到角色、動作與遊戲情節中。像童鳴模仿玩具車的喇叭聲，或是讓動物打架，那不只是單純的模仿，而是他正在用遊戲消化他在公園與家中感受到的張力與衝突。這些，就是他在說：「我其實有情緒，只是我用玩得給你看。」這是孩子的語言，當我們善用這些遊戲作爲切入點，引導孩子說出自己的心情與需要，他們不只會更理解自己，也會開始學會：情緒，是可以被看見、被接住，甚至慢慢整合的。

鏡映焦慮：當父母的完美主義成爲孩子的情緒劇本

你是個對自己要求很高、總想把事情做到最好的家長嗎？有時候，大人的完美主義，會悄悄轉化成孩子心裡的壓力。

童嗚的媽媽是個認眞負責的職場母親，對孩子的教養投入極深。她不僅親自準備三餐，甚至戴上手套，仔細處理每一樣食材，爲的是確保孩子吃到最乾淨、最健康的東西。她的生活井然有序，但也被各種「一定要做到好」的規範與焦慮塡滿。

「你每天這麼忙，偶爾讓自己輕鬆一點也沒關係吧？」我曾問她。

她微笑回答：「我只是想給孩子最好的，這是我能做到的基本責任。」

但我忍不住提醒：「我看得出來你常常很累，這種緊繃，孩子也會感受到。」

她沉默了幾秒，嘆了口氣說：「我知道自己有壓力，可是我總覺得，如果我不做到這些，孩子的健康、教育會受影響。我不想他們因爲我的疏忽而失去什麼。」

長期處在高壓節奏中，她的生活越來越緊張。她對自己要求極高，這份壓力也悄悄影響了家庭的氛圍。

有一次，我看到童嗚在玩「模擬廚房」的遊戲。他拿著玩具鍋碗瓢盆，一絲不苟地模仿著媽媽的模樣。我問：「童嗚，你在玩什麼呀？」他回答：「我在做飯，就像媽媽一樣。」

玩遊戲，本該是最自由放鬆的時刻。但我卻看到他的眉頭緊鎖，小心翼翼地擺放每一個玩具食材，神情專注，動作拘謹。我不禁有點擔憂，孩子是不是也默默背負了媽媽的緊繃？

對三歲孩子來說，遊戲本該是自由奔放、盡情嘗試的冒險。但童嗚的情緒劇本，卻像是一齣縮小版的媽媽生活重播劇。他不只是模仿媽媽做飯的樣子，連那份「想要一切做到完美」的焦慮感，也一併帶了進來。緊繃與拘謹，似乎正悄悄成爲他內在世界裡的一部分，這對一個三歲孩子來說，並不健康。

某天晚餐前，媽媽因爲工作太忙沒時間準備飯菜，顯得焦慮又急躁。童嗚站在一旁，不安地問：「媽媽，我們晚餐怎麼辦？」他語氣裡的驚慌，讓人心疼。

我輕聲提醒她：「你看，孩子正在接收你的情緒訊號。他需要看到你可以放鬆下來，這樣他才會知道，世界不是全靠完美才能運作的。」她沉默了一會，才緩緩

點頭說：「其實從上次你和我聊起這些之後，我就開始在想了。我真的需要學著放下某些堅持，讓我自己，也讓孩子，都喘口氣。」

從那天開始，童鳴媽媽慢慢地做出改變。她不再堅持每一餐都親手準備，偶爾外食也行；她也開始不再堅持所有事情都要親力親為。隨著媽媽的鬆動，童鳴也不再那麼拘謹。他的遊戲多了笑聲、也多了想像力，那份原本被壓抑的童年自由，終於開始冒芽。這讓我再次相信：當我們願意放下對完美的執著，孩子也會在潛移默化中，學會彈性、適應，放過自己。

萬叔教養心法

孩子不需要你完美，但需要你鬆一點

許多孩子的焦慮，其實不是自己原本就有的，而是來自父母無形中的緊張感。當我們大人一心追求完美、凡事不容差錯，那份無形的壓力，就會悄悄傳遞到孩子身上。孩子不僅會感受到這份焦慮，甚至會在遊戲與日常行為中模仿我們的緊繃狀態。其實，有時候生活中的「不完美」，是在提醒我們：你已經太用力了，是時候放鬆一點。當我們開始練習放下那份對完美的執念，去接受一點混亂、偶爾的失誤，我們就為孩子創造出一個有彈性的空間。而在這樣的空間裡，孩子才有機會學會面對變化、理解情緒，也會慢慢地，不再那麼焦慮。

5-2

如何化解小小孩的分離焦慮？

一個陽光明媚的早晨，曉安的媽媽無奈地站在校門口，看著小學一年級的曉安在校門口大哭不肯進校門。這已經不知道第幾次了，每天上學的儀式對媽媽來說簡直是一場煎熬。

「曉安，媽媽在這裡呢，別哭了，好嗎？」媽媽溫柔地蹲下身子，擦拭著曉安的小臉，但曉安只是更用力抱緊媽媽的腿，抽泣得更厲害。

「我不要上學，我不要離開媽媽！」曉安哭喊著，眼淚和鼻涕混在一起，看起來十分可憐……

以終為始：用「小里程碑」陪孩子克服分離焦慮

「萬叔，我真的快撐不下去了。曉安每天都抗拒上學，我該怎麼辦……」媽媽的語氣裡藏著疲憊與無奈。

「你每天都在經歷一樣的拉扯，看得出來，你的終極願望是希望曉安開心地走進教室。但你知道嗎？這個目標就像健身一樣，需要一點一點的累積，不能跳過任何一個小里程碑。」我拿出一張紙和筆，畫了一條「情緒之路」。「來，我們把最終目標——開心地走進教室——當作終點。曉安現在的起點，是每天在校門口大哭十分鐘。中間這段路，要拆成幾個小步驟，一步步來。」

曉安媽媽點點頭，專注地看著我。

我繼續說：「首先是減少哭泣的時間。我們嘗試以減少哭的時間為方向，設定第一個里程碑是在校門口哭八分鐘，這樣曉安不會感到太大的壓力。再引導孩子的哭泣減少到五分鐘，再到一分鐘，直到她可以平靜地站在校門口。接下來，要讓曉安開始享受學校生活，讓她在校門口保持心情愉悅，並逐漸適應與父母分開。最終目標是讓曉安能心情愉悅地走進教室。」

「我該怎麼做？」曉安媽媽問。

「首先，我們可以從每天的一點小進步開始，每個小進步都值得鼓勵和歡呼。例如，當曉安哭泣的時間縮短時，你可以給她愛的擁抱。然後鼓勵她在校門口平靜下來。」

「好的，我會試試看的。」曉安媽媽感激地說。

在接下來的日子裡，曉安媽媽開始按照這個方法，耐心地一步步引導曉安。每天早晨，她都會給曉安一個大大的擁抱，鼓勵她勇敢面對一天的學校生活。每當曉安哭泣的時間減少時，媽媽都會給她一個小小的鼓勵，這讓曉安感到自己在進步。

有天早晨，當曉安和媽媽走到校門口時，曉安只是淚眼汪汪地看著媽媽，並沒有大哭。媽媽蹲下身，溫柔地對曉安說：「曉安，你今天表現得很好，媽媽爲你感到驕傲，媽媽相信你可以的。」

曉安點了點頭，輕輕地走進了校園。媽媽站在門口，看著曉安的背影，感到一陣欣慰。

讓孩子開心地走進教室，是每位父母期待的畫面。但這幅畫，不是一筆就能完成的大作，而是由一小步一小步堆疊起來的。如果我們從終點回頭看，就會發現：孩子不是做不到，而是需要更小的階梯，幫助他一點一點往前爬。每次哭泣縮短一分鐘、每次多站穩一點點情緒，這些看似微小的進步，都是孩子在練習告別、學習獨立的重要證明。從終點回推到起點，可以設立許多小里程碑，循序漸進執行計畫：

- 終點：能帶著愉快的心情，從校門口走進教室
- 能開心站在校門口，但進入教室時情緒還是起伏不定
- 開始對學校有好感，在門口等候時保持放鬆與期待
- 可以接受與爸媽分開，情緒穩定地待在門口
- 哭一會兒，但時間縮短到一分鐘左右
- 哭泣時間降到五分鐘，開始願意嘗試聽安撫
- 難過情緒還是強烈，哭八分鐘
- 起點：每天到校都要大哭十分鐘，情緒激烈、抗拒分離

孩子不是做不到，而是需要一步一步慢慢來

想像一個孩子從出生到一歲的過程，每個月都有明顯的變化，每個階段也都有專屬的里程碑。有些孩子語言快，有些孩子動作慢，節奏不同，卻都在前進。回想起曉安三個月時，學會了抬頭。當她第一次穩穩地撐起自己時，媽媽眼中滿是喜悅。六個月大時，她開始嘗試坐起來。每一次跌倒，媽媽都在旁邊鼓勵：「沒關係，再來一次。」終於，有一天，她眞的坐穩了，不靠任何人。九個月，她開始學爬。剛開始只是翻來翻去，但很快便找到身體的節奏，在客廳裡自由穿梭。滿一歲那天，曉安站起來了。媽媽正在廚房，忽然聽到孩子驚喜的叫聲。轉頭一看，曉安正扶著沙發站得筆直。她丟下鍋鏟，衝過去抱住她，兩人笑成一團，心裡滿是驕傲與感動。每一個這樣的瞬間，都是孩子成長的里程碑，每一次小小的突破，都值得慶祝。情緒也和身體發展一樣，有自己的節奏與階梯。沒有人一夜之間從不會爬變成會跑，情緒的成熟，也是一個一個小步走出來的。

當孩子第一次站起來、第一次叫你一聲「媽媽」，你心裡是什麼感覺？很多人會喜極而泣。那爲什麼當孩子面對情緒挑戰，像是分離焦慮，我們卻期待他一次就

學會、不再失控？情緒的成長，不該被催促，而是值得陪伴。

我把這個比喻分享給曉安媽媽後，她才明白，教育不是命令孩子改變，而是陪她一步步走過成長的路。她開始改變語言，用理解和鼓勵陪曉安走每一步。孩子的進步一被看見，就會更有信心。被鼓勵的孩子，會相信「我做得到」，也更願意再嘗試，讓親子關係進入正向循環。漸漸地曉安的眼淚慢慢少了，也不再那麼抗拒。媽媽發現，每一個小小的突破，都是值得鼓掌的勝利。她學會了放慢腳步，聆聽曉安的情緒，用溫柔接住每一次不安。

在一次次的陪伴裡，媽媽看見了曉安的蛻變。她變得更勇敢、更穩定，雖然偶爾還會不安，但她已經能調節自己的情緒，一步步走進校園的節奏。最動人的，是這一路上曉安展現出的堅韌，其實是一種被理解過後，由內而生的力量。對媽媽來說，這段路不只調整了教養的節奏，更讓她與女兒的關係重新緊密了起來。她們不只是走出了分離焦慮，更一起走進了彼此的心裡，相互扶持。當我們願意去看見孩子跨越的每個里程碑，他們會學會在風雨中站穩腳步。因爲只有在被接納的土壤裡，孩子才能長出自信、勇氣，與那屬於自己的光芒。

究竟是孩子離不開，還是父母放不下？

夜深人靜時，房間裡只剩下念慈均勻的呼吸聲。這時，明慧總會想起過去的自己，那個喜歡獨處、享受安靜的宅女。但從念慈出生那刻起，一切全變了。

念慈是一個特別的孩子，她的眼神裡總有對世界的好奇，卻也藏著深深的不安。記得第一次帶念慈去參加活動，當她看著那些陌生的小朋友和老師時，眼中的不安幾乎要溢出來。明慧輕輕握住女兒的手，感受到她微微顫抖的指尖，心裡的疼痛難以言喻。

明慧雖然年輕時也曾熱愛社交，但隨著年紀漸長，越來越渴望簡單、封閉的生活。念慈出生後，她幾乎把自己整個人都獻給了女兒，精準規劃吃飯、睡覺的時間，只爲給她一個最好的童年。但卽使這麼努力，明慧心裡還是覺得自己做得不夠。念慈怕生、怕陌生人，情緒一碰就碎。每當她堆積木失手，就會崩潰大哭。明慧知道應該冷靜引導，但她總是太快想「讓孩子不哭」，反而讓念慈以爲生氣是不被允許的。這樣的惡性循環，讓明慧心中滿是自責。

念慈的睡眠品質也讓明慧操心不已。每天半夜，念慈總會突然驚醒大哭。明慧試過很多方法來安撫她，但最終發現只能靠餵奶哄睡。儘管醫生建議她戒掉夜奶，但每次嘗試都以劇烈反抗收場，讓她疲憊至極。

念慈的依賴讓人窒息。即使在同一個房間，她仍不斷奔向媽媽，只爲確定她沒走。別人一伸手想幫忙，她就用尖叫擋住所有靠近的人。明慧嘗試教導念慈如何表達情緒，但念慈總是只會用「難過」來形容所有的負面情緒，這讓明慧很挫敗，覺得自己所有的努力都是徒勞。

爲了讓念慈適應外界，明慧帶她去親子館，但每次出門前，念慈總是表現出極大的抗拒。聽了無數專家建議，焦慮卻與日俱增，她不禁懷疑：到底怎麼做才是對的？

共生般的依賴

那一天，當她們走進親子教室時，念慈立刻被五顏六色的玩具吸引了。但當老師要求家長們先進教室時，念慈看著母親離開，開始表現出不安。明慧知道作爲母親，她應該幫助念慈學會獨立，但每次看到女兒那雙渴望依賴她的眼睛，她就忍不住心軟。

開始上課後，明慧坐在教室裡，專心聽老師講解。但不一會兒，念慈便跑過來黏在她身上，輕聲問：「媽媽，這個玩具是什麼？」明慧微笑著回答，並試圖讓她回到玩具區，但念慈卻一直不肯離開。

老師溫柔地說：「念慈，回去玩玩具吧，媽媽等一下就回來。」念慈皺著眉，看著老師，再看看媽媽。她咬咬唇，終於點頭離開。沒多久，她又跑了回來，這次，她緊緊抓住明慧的手，低聲說：「媽媽，我還是想和你在一起。」

「這樣的依賴，是從她小時候就有，還是後來才出現的？」我忍不住問明慧。她嘆了口氣，回答道：「應該是逐漸形成的吧。從她小時候起，我們就一直在一起，這樣的依賴可能就是這樣養成的。」

母女依附的隱形劇本：愛與焦慮的惡性循環

一年半前，明慧曾歷經一次子宮外孕。那段療傷期讓她身心俱疲，也讓她下定決心：這輩子只生一個，把所有的愛都給念慈。這份「只有一次機會」的信念，讓她更加用力地照顧女兒。也因此，兩人之間的連結變得緊密得像一根繩索，一拉就痛，一放就斷。她總是羨慕其他媽媽在等候區喝茶、滑手機，而她，從來沒有放鬆過。

只要念慈需要，她永遠第一時間跑去抱她、哄她，哪怕只是想多看幾頁書，她也放不下心。她知道，這樣的依賴對念慈不好。但每次念慈哭泣，她的心都會像被割了一刀，讓她狠不下心。母女間的依附，就這樣成了一場雙向的綑綁。

每次她想訓練念慈獨立，女兒就用更黏、更依賴的行爲來抗拒；而明慧，也一次次選擇妥協。她其實很希望念慈能勇敢一些、獨立一點。可是一想到，獨立的代價可能是眼淚、是受傷，她又退縮了。這場拉鋸戰，讓她困惑，也讓她越來越沒力氣。

「愛與放手」之間的平衡

情緒依賴的源頭，究竟是孩子無法分離，還是父母也無法放下？面對像明慧和念慈這樣的親子依賴情況，家長需要理解「愛與放手」之間的平衡。以下提供一些實用的建議，幫助你在愛中學會放手，讓孩子逐漸建立獨立的能力。

1 先覺察自己的焦慮，再談放手

孩子的依賴，很多時候源自我們內在的不安。我們怕孩子受傷、怕他們不被照顧好，怕他們沒有我們就不行。這些害怕，其實會偷偷傳染給孩子。久而久之，孩子也會相信：「我真的不行。」你要先承認，自己也會對分離感到恐懼，也會心疼孩子的眼淚。只有當你願意面對自己的不捨、不安與焦慮，學會陪自己調整，孩子才會在你的穩定裡，慢慢長出力量。建議你心中默念一句台詞：「我相信她就算哭，也能跟我分離一陣子。」

2 從日常生活建立小小的自主感

獨立，不是從「放手一次」開始的，而是從「讓他多做一點」開始的。從小的行爲開始，逐步增加孩子在日常生活中的自主性。例如，讓孩子自己選擇玩具或完成簡單的任務，像是自己穿鞋或整理玩具。這樣可以讓孩子逐漸意識到自己可以掌控生活中的某些部分，從而建立自信心。剛開始時，父母可以在旁邊陪伴，讓孩子感受到支持，隨著時間推移，逐步減少干預，讓孩子更多地獨立完成。

3 設立「可以成功」的小目標

很多家長會一口氣想讓孩子學會「獨立入園」或「自己應對情緒」，但對孩子來說，那就像一次爬上101大樓。我們需要的是階梯式的目標。要把期待值放在適當的發展階段，就像是前面我們拆分里程碑一樣，幫助孩子逐漸學會獨立。比如，讓孩子在玩具區獨自待五分鐘，然後逐漸延長時間到十分鐘、十五分鐘。每一個階段，都要讓孩子成功一次。這個「我做到了！」的經驗，會變成他內心的安全感。這樣的逐步練習讓孩子能夠慢慢習慣短暫的分離，並且學會信任父母總是會回到他們身邊，讓孩子在感受到安全的同時，逐步面對分離的焦慮，並克服分離的恐懼。

5-3

如何處理手足爭寵的難題？

孩子之間的手足競爭，並不總是以吵架或打鬧的方式表現出來。有些孩子會大聲爭辯、故意挑釁，明確表達情緒；但也有孩子選擇壓抑，把委屈和嫉妒藏進心底。看起來順從、懂事的孩子，可能正默默承受內在的不安與失落。對家長來說，重要的不只是處理明顯的衝突，更是看見那些未說出口的情緒。我們要用心傾聽，引導孩子說出感受，才能幫助他們用健康的方式面對手足關係中的競爭、失落與不安。

外顯的爭寵行爲

姊姊小晴站在妹妹小雨的房門口，一臉不屑地看著她，嘲諷地說：「你眞是個麻煩鬼，什麼都不會做，還總是要媽媽幫忙。」

「小晴，不要這麼說你妹妹，她還小，需要我們的照顧。」媽媽夢瑤試著平靜勸解，但小晴聽不進去。

「我才不管，她就只會給大家添麻煩。」小晴狠狠地說，然後轉身跑進自己的房間，砰的一聲關上了門。

夢瑤無力地靠在沙發上，雙手捂住臉，眼淚不禁從指縫間滲出。「我該怎麼辦？為什麼小晴會變成這樣？」她低聲自語。「我真的不知道該怎麼辦。無論是在家裡還是在學校，小晴老是抱怨妹妹，甚至會故意去打她，讓我心好痛。我很努力叫她停止這種不好的行為，但無論我怎麼做，她似乎都無法控制自己。」

手足不合的情況確實讓人很難受，我們需要找到問題的根源，找到小晴的行為背後更深層的原因。

小晴一進教室，就蹦蹦跳跳地要我陪她玩。我們玩了老鷹抓小雞的遊戲，無論我扮演老鷹或小雞，無論我有沒有抓到她，最後她總是說自己贏了。只要她贏了，我就必須接受她設計的奇怪懲罰：左腳尖放在右腳膝蓋後，右腳單腳站立，單腳蹲下，然後起立。對於四十歲的我來說，這簡直是不可能的任務。

在我們的遊戲中，所有規則、輸贏和懲罰全由她來制定。跟她玩遊戲時，我就像是毫無反擊能力的三等公民。於是，我表達了我的心情，引導她同理。

我說：「我好難過喔，跟你玩遊戲的時候，我總是輸。你很享受這個過程，可是我不喜歡這樣子的遊戲……」小晴聽完後，不但沒有激發同情心，反而顯得更開心，繞圈跑著，享受贏的快感，沒有要回覆我說的話。如果進一步想和她討論遊戲規則，她會直接拒絕，堅決地說：「不！才不要！」

兄弟姊妹爭寵、競爭的根源是失落

在她的情緒劇本裡，我就像個工具人，只要她贏了我，我就被踢出場，還得接受那些我根本做不到的懲罰。讓我不禁思考，爲什麼小晴這麼在意贏？她的心裡，到底藏著什麼？她經歷了什麼，讓她非得這樣對待我？

小晴劇本中隱藏著更深層的情感和需求，這是一種表達她想要被看見的需求，一個小女孩贏了一個成人，就像是有人看見她做得很棒，她創作出的情緒劇本像是在說：我奪回了掌控權，輸贏由我掌控，規則也是我制定的！

小晴在家原本是個備受寵愛的獨生女，然而，妹妹的出生，徹底顛覆了她的世界。她突然要懂事、要分享、要照顧別人，還要把本來全屬於她的愛分一半出去。對一個才四歲的孩子來說，這根本太難了。她感到失落、困惑，情緒無處安放。有一次，她甚至說出：「我想把妹妹推下樓梯。」聽起來很驚人對吧？但我們先別急著糾正，來看看那句話背後的情緒。

我們來仔細體會一下「推下去」這個動作。原本穩定的東西，被一股力量打亂、失去平衡，掉了下去。這正是小晴內心的感受。她原來擁有一個完整穩定的世界，但妹妹的出生，像是一股突如其來的「外力」，打破了她的安全感。她從原本的高位，一路墜落。所以，那句「我想推妹妹下樓梯」，其實是：「我自己被推下來了，我好想把情緒丟出去。」她不是壞更不是邪惡，而是情緒找不到出口，投射到了妹妹身上。當我們理解這一層，就能更有力量地陪伴孩子走過那段競爭的心路歷程。

競爭是因爲三角關係崩塌了

我們常常對兄弟姊妹的爭執感到無奈，但其實，這手足競爭不只是孩子之間的問題，而是一場三角關係的重組。

這裡的三角關係，指的是一個人與另外兩個人之間所形成的情感動態。原本，老大與爸爸、媽媽之間，形成了一個穩定的情感三角：媽媽累了，爸爸可以補位；爸爸忙了，媽媽能回應。孩子在這個結構裡，是被承接住的，是安全的。但這一切，在媽媽懷上二寶的那一刻，就開始悄悄改變。

當媽媽的肚子一天天變大，父母開始談論「弟弟妹妹快來了」，孩子心裡開始冒出疑問：「那我呢？我還是你們的寶貝嗎？」、「我的玩具要分給他嗎？你們會陪我玩嗎？」在老大的世界裡，那原本堅固的三角形，出現了裂縫。

而當二寶出生的那一刻，重心正式轉移：媽媽忙著哺乳、爸爸更常照顧妹妹，一切都繞著新生兒轉。對老大來說，這不是喜悅，而是被排擠出局的痛。

這個時候，大人們無意中說出來的話，像是：「你是姊姊，要照顧妹妹喔！」就像止痛藥，可能暫時壓下行爲，卻沒處理情緒的源頭。孩子的競爭，不是因爲他不知道自己是老大，而是他還沒準備好承擔那個角色帶來的失落與責任。

這裡，我們可以透過三種心理劇本的分析，來了解孩子爲什麼會有攻擊的行爲：

1 競爭情節：我被剝奪了！

老大常會覺得：「原本屬於我的愛，被搶走了。」這樣的剝奪感，會轉化成：嫉妒、攻擊行爲、爭寵式的挑釁。

例如小晴說出：「我想把妹妹推下去！」請別把這句話當眞，不是孩子想要害人，而是心裡在吶喊：「我也在掉下去啊！有人可以拉我一把嗎？」

2 安全感崩塌：我是不是不重要了？

當父母的注意力轉移，孩子原本的依附關係也受到動搖。爲了重新確認連結，老大可能會出現「退化行爲」：假裝自己也還是寶寶，要媽媽抱抱、餵奶。或阻止媽媽靠近弟妹：「媽媽不能抱他！」看似耍賴的行爲，其實是試圖抓住那個他原本熟悉的安全港。

3 角色認同混亂：我該怎麼當哥哥？

被賦予「哥哥」「姊姊」的角色後，孩子其實內心很矛盾。他一方面想做到爸媽期待的樣子，另一方面又不知道怎麼做。這會讓他出現：焦慮（我如果不是最乖的，爸媽還愛我嗎？）、混亂（你叫我當哥哥，爲什麼還罵我不讓妹妹？）。願意照顧弟妹是一回事，準備好接住哥哥姊姊的角色則是另外一個要消化的心情。老大需要的是被理解，而不是指令。

不只是爭寵的孩子需要被看見，有些孩子，是靜靜地在失落裡沉沒。我們剛剛提到的三種心理劇本，多半描述的是「明顯的表現」——搶玩具、說出極端語句、退化行爲……但還有一種孩子，沒有大哭大鬧、也沒有搗蛋搶關注，而是用「懂事」、「貼心」、「乖巧」來保住自己在家的位置。他們沒有衝撞三角關係，而是選擇悄悄地退到角落、退到媽媽看不見的空間。這樣的孩子，看起來很安靜，實際上卻處在情緒最危險的邊緣。這時候，我們要換一個角度來看孩子的情緒劇本。以下故事中的小女孩含蕊，便是這樣的例子。

當孩子太懂事：內向敏感兒的隱形情緒呼救

含蕊是一個內向而害羞的九歲小女孩，話不多，總是靜靜地觀察著周圍的人和事。她對情緒極爲敏感，經常能察覺到大人話語背後沒有說出的那一層感受。這種細膩的特質，讓她看起來特別懂事，總是會先去在意別人的感受，再來考慮自己。她會觀察媽媽的臉色來決定要不要說出自己的需求，會在學校幫助同學卻不太敢舉手發言。這樣的貼心，往往讓她看起來像個小大人，但也讓她的情緒沒有出口，只能悄悄藏進心裡——這才是我們最需要留意的情緒呼救。

懂事是孩子的保護色，也是她的孤單訊號

表面上，含蕊像個貼心的天使，會幫忙照顧三個月大的妹妹，會在媽媽忙碌時默默做好自己的功課，還會幫忙摺衣服、撿玩具。但在內心深處，她的心情其實是複雜的。妹妹的出生占據了媽媽大部分的時間與關注，她開始懷念自己還是小寶寶

時，那些被抱著、被餵奶、被溫柔安撫的畫面。於是她開始幻想，自己是不是也可以「變小」回去？她開始會偷偷拿妹妹的奶瓶喝牛奶，會用過度幼稚的方式搶回媽媽的注意，甚至會故意把東西弄亂，只爲了讓媽媽看她一眼。她不是眞的在搗蛋，而是在用她唯一懂的方式，說出那句深藏心底的話：媽媽，我也需要你。

含蕊表面上的溫柔與成熟，其實藏著一段難以言說的拉扯。妹妹的出生打亂了她原本熟悉的家庭秩序，而她最依戀的媽媽卻越來越遙遠。

這樣的變化，不只發生在含蕊身上，也悄悄在媽媽心裡累積成一座壓力山丘。

職場媽媽的焦慮與孩子的寂寞：誰能先被看見？

蕊媽是一個職場媽媽，白天是公司裡衝鋒陷陣的主管，晚上回到家則要面對新生兒的需求與家庭的繁瑣。有時候她會覺得自己像個24小時不休息的機器，一邊要對公司負責，一邊要照顧先生和公婆的期待，還要扮演一個好媽媽的角色。她並不想忽略含蕊，但現實讓她疲於奔命。

這一天蕊媽加班晚歸，回到家，就看到含蕊正在等她。「媽媽今天加班，對不起，沒能早點回來陪你。」蕊媽輕抱女兒，心裡充滿愧疚。

「沒關係，媽媽，你已經很努力了。」含蕊安慰她，但蕊媽從女兒的眼神中看到了隱藏的孤單。

她以爲女兒懂事，不會計較，但她沒有看到，女兒眼神中那股一直在等待的寂寞。她很想抽出時間多陪陪女兒，但二寶才剛出生不久，先生工作也很忙碌，難以提供太多支援，讓她每天都像是在走鋼索。

隨著時間的推移，蕊媽的心力越來越憔悴。她感覺自己就像不停旋轉的陀螺，每個人都在拉扯著她。她開始變得焦慮，甚至有時無法控制自己的情緒。

終於有一天，她在無法承受的壓力下爆發了。那天晚上，她回到家已是深夜，看到含蕊還在等待她，她突然感到一股無法抑制的憤怒。「含蕊，你怎麼還不睡覺！媽媽已經很累了！」她忍不住大聲嚷嚷，話音剛落，就看到女兒被嚇得縮了一下。

蕊媽瞬間清醒了，她意識到自己在壓力下對女兒發了脾氣，心裡滿是自責。含蕊沒有哭鬧、沒有頂嘴，卻用最安靜的方式說出她的需求。而蕊媽也終於明白，孩子最深的情緒，不在於表面上的行爲異常，而在那些「太懂事」「太乖巧」背後壓抑的聲音——那聲音說的是：「媽媽，妳還看得到我嗎？」

營造精心時刻，解決爭寵及手足競爭的問題

當我們意識到孩子感到不平衡時，最關鍵的是調整你的教養策略，只有你才能讓孩子感到公平。「精心時刻」的概念強調父母給予每個孩子足夠且獨特的關注和支持，以促進其個人發展和情感成長。

研究發現在多子女家庭中，兄弟姐妹之間的競爭可能會導致心理健康問題，如焦慮、自卑等。因此，精心時刻是解決手足競爭問題的有效教養策略之一。

- 宣告特別時間：告訴孩子你打算安排一段專門屬於你和他的特別時間。
- 安排其他手足的照顧：確保在這段時間內，其他手足有人照顧，讓你和孩子可以專心地相處。
- 設定計時器並關閉干擾：設定十五到五十分鐘的計時器，並關閉手機和其他干擾，以確保專注度。
- 讓孩子做決定：告訴孩子：「今天你可以決定我們做什麼」，也可以你與孩子輪流選擇。

- 給予全神貫注的注意力：在這特別時間裡，給予孩子百分之百的注意力，讓他感受到你的關愛和支持。
- 處理可能出現的問題：如果孩子想做一些不被允許的事情，一起思考是否有安全的替代方案。
- 進行感情培養遊戲：選擇有情感交流的遊戲，例如：交換一個小祕密。
- 結束特別時間：當計時器響起時結束特別時間，讓孩子知道還有下一次。
- 處理情緒：如果在過程中或結束時，孩子表現出情緒，給予他安撫和支持。

這些步驟旨在確保孩子在特別時間裡感受到被重視和支持，並建立起積極的自我價值感。透過這樣的互動，孩子可以建立健康的家庭關係，促進其心理和情感成長。

生活忙碌，對家長而言尤其如此。許多父母擔心陪孩子的時間不夠，怕影響孩子成長；也有人因工作忙碌、健身或與朋友聚餐而感到內疚。看到社群上其他家長分享親子活動照片，更容易讓人焦慮。

但別被「完美父母」的壓力困住！研究指出，陪伴的「品質」比「時間長短」更重要。孩子真正需要的，是與父母共享的高品質時光，這才是促進健康成長的關鍵。

5-4

童年劇本如何影響我們的一生？

從電影《王者之聲》看手足競爭

關於手足之間的情感，電影《王者之聲》提供了鮮明的例子。主角柏帝的自卑，來自兄弟間的競爭，哥哥從小一直表現優秀，柏帝成長在兄長的陰影下，哥哥不時嘲笑他，這讓本來就缺乏自信的他更加內向。即使長大後，當他遇到哥哥時，仍會出現童年時期的脆弱，只要跟哥哥相處，他馬上就會開始口吃。

每個人都是自己人生舞台上的演員

莎士比亞曾將每個人比作人生舞台上的演員，這些經歷和情感會在我們的情緒劇本中留下印記，即使成年後也可能受到劇本的影響，所有的行爲和情感似乎都回歸到最初的記憶，如同柏帝和哥哥之間的關係。當哥哥出現時，柏帝仍然被童年的情緒劇本所束縛，回到了被欺負的角色。

但我們是否眞的無法改變過去呢？當然不是，因爲人生總是充滿新的挑戰，這些挑戰會化爲我們生命劇本中的助力，爲我們的內在人格增添新元素，讓我們擺脫過去的陰影。

如同電影《王者之聲》中的情節一樣，柏帝原本從未想過自己會成爲國王。可是命運往往就是這麼戲劇化，當他成爲喬治六世時，這一切來得太突然，他肩上承擔的責任也隨之倍增。

「柏帝，你準備好了嗎？」語言治療師萊諾在一次治療中問他。

柏帝搖搖頭：「我不知道能不能做到，萊諾。我總是被這該死的口吃困擾著，怎麼能在國家危機中帶領大家？」

萊諾微笑著，拍拍他的肩膀：「我們一步一步來，我相信你可以做到。這是你的新角色，也是你的新任務。」

在接下來的過程中，兩人之間的關係漸漸加深。他們經歷了無數次挫折，有時進步似乎微乎其微，但他們從未放棄。

終於到了對全國人民演講的那一天，柏帝站在麥克風前，望著眼前的話筒，內心充滿恐懼。他深吸一口氣，耳邊響起萊諾的聲音：「記住，我就在這裡，你不是一個人。」

柏帝點了點頭，然後開始了他的演講。這一刻，他不再是那個在童年時被欺負、患有語言障礙的孩子，而是一個真正的勇者。他的聲音響徹全英國，激勵了無數人。

這一刻，象徵著柏帝完成了一項極具責任感的任務，更象徵著他生命劇本中增添了一段精彩的旅程。他內在的勇者角色逐漸壯大，影響著他與周圍人的關係，尤其是與哥哥之間的互動。

「我想，現在我能更好地捍衛自己了，」柏帝在一次課程後對萊諾說。「不再是那個只會退縮的受害者。」

「確實如此，」萊諾微笑道。「每個人生都是一場戲，而你剛剛演出了你生命中最重要的一幕。」

演出讓我看見自己，也讓我學會不再比較

在電影《王者之聲》中，柏帝的口吃並非單純語言障礙，而是內心自卑與長期手足競爭壓力的外化。他的哥哥總是優秀、風趣且自信，而他卻常常被忽略、被取笑。即便到了成年，他只要和哥哥站在一起，就會不自覺地回到童年那個退縮的自己。我們每個人心中，都有類似的「情緒劇本」存在。而這些劇本，往往會在手足關係中被寫下，並且悄悄延續到我們長大成人之後。

我記得我在紐約大學修習戲劇心理課時，第一次演出柏帝的角色時，我也感受到那種在「兄弟之中總是比較矮一截」的無力感。透過角色練習，我看見了自己與他人競爭時的不安、逃避，甚至想假裝無所謂。但也正因爲這樣的演出經驗，我才開始學會站穩腳步，看見自己與他人並非只有「非贏即輸」的關係，反而是「可以同時存在」。

孩子也會有類似的經驗。他們不一定會說出口，但可能會用行爲表現出來：忽然不想跟哥哥玩、說弟弟很煩、說話故意大聲搶注意力，或是變得很貼心很乖，不讓人討厭自己。這些，都是情緒劇本在運作的痕跡。

那麼，父母可以怎麼陪伴孩子看見這些劇本呢？我們不需要安排一場正式的表演，只要用一個簡單的小活動，就能打開這個話題。

練習：說出你眼中的我

在孩子的世界裡，他對父母的愛、依戀與渴望，常常不會直接說出來，而是藏在他心裡對你「角色形象」的理解裡。你是否好奇過，在他的劇本裡，你扮演的是什麼樣的角色？

這是一個簡單卻深刻的對話練習，你需要留一點空間，聽孩子說出「你在他眼中的模樣」。

練習方式：用對話，打開劇本的一角

請選擇一個輕鬆安靜的時刻，例如晚餐後、睡前，或車上等無干擾的場景，對孩子說：「今天我想聽你說一件事。你覺得，媽媽／爸爸最常說的三句話是什麼？」

你也可以進一步問：「如果你要演媽媽，你會怎麼演？」「我會說什麼？做什麼？」「你覺得媽媽最在乎的事情是什麼？」「如果我們家人在演戲，你覺得你是第幾個主角？」

孩子可能會說出讓你驚喜的話，也可能會出現你未曾察覺的抱怨或失落。例如：「你最常說的是『我很忙』、『快點啦』，然後是『你最棒了』。」又或者：「我覺得爸爸最常想的，是不要我吵他。」

聽到這些話時，請不要急著解釋或澄清。你要做的，是用「觀眾」的角色，靜靜聽見他心中的劇本。這段對話的目的是幫助你看見孩子如何詮釋你們之間的關係，以及他目前在家庭中的角色定位。

戲劇心理學的觀點：透過扮演，覺察並轉化關係

在戲劇心理學中，我們會引導學員扮演「父母眼中的自己」和「自己眼中的父母」，來打開對關係的覺察與轉化。孩子的回應是揭露他隱藏的情緒劇本的鑰匙。當我們願意聽進這些來自孩子的台詞，就有機會幫助他從混亂的情緒關係中找到自己，並重新建構與父母的連結。

小提醒：如何回應孩子的話？

當孩子說出心裡的話，你可以這樣回應：「原來你覺得我常說這些話，謝謝你讓我知道。」「你說我最常在意弟弟，這讓你有什麼感覺呢？」「我沒有發現你有這樣的想法，聽到你這樣說，我很想多了解一點。」

請記得說出眞話是需要很大勇氣的，如果孩子說的讓你不開心，你要記得這個練習的初衷是了解他隱藏的情緒劇本，這不是一場審問或辯論，而是讓孩子說眞話的大戲。他不是在刻意批評你，而是在表達：「我需要你知道我的感覺。」

爲孩子保留一個安穩的位置

手足競爭不只是手足之間的問題。當一個孩子說出：「你比較喜歡妹妹」時，他不是在評價媽媽愛誰比較多，而是在問：「我還在你的心裡嗎？」

我們從三角關係的變化談起，走進了孩子心中被擠出的那個角落。那裡或許藏著嫉妒、孤單、失落，也藏著一種試圖重新回到被需要的渴望。不論是含蓄那種「太懂事」的乖巧，還是那些明顯的挑釁與搗蛋，都是一種情緒劇本的上演。

在戲劇心理學裡，我們相信，每個人都在關係中扮演著一個角色，而每個角色，都有爲了獲得愛與歸屬而設計出來的行動。如果我們只看到孩子的表面行爲，而沒有理解他正在演什麼角色，那我們就容易在教養的劇場裡，不小心當了錯誤的觀衆。

你不需要馬上改變什麼。你可以做的，只是坐下來，說一句：「你心裡的我，是什麼樣子呢？」然後靜靜聽孩子說。你也可以陪他畫一張家庭畫像，看見他把自己放在了哪裡。也許你會發現，他一直在找一個位置，而那個位置，剛好需要你幫他保留。我們無法完全消除孩子之間的競爭，但我們可以在這樣的張力中，讓每個孩子都確信：我不需要贏過誰，我也不會被忘記。我在這個家裡，有一個穩穩的、可以安心的位置。

第六章

Watch Me Play ！
在家也可以自己嘗試的戲劇心理探索活動

在資訊爆炸的現代，育兒學派和方式百家爭鳴，到處汲取可能會有點焦慮，也可能會自我懷疑，不確定自己的引導、應對方式對孩子是否有幫助。到底該如何養育孩子呢？如果創造一個劇本對你來說很困難的話，那麼最後這個總結請你一定要看完，這是一個簡單版本，而且能在家操作。

Watch Me Play！背景與起源

Watch Me Play！是由英國倫敦塔維斯拉克（Tavistock）和波特曼國民保健署（Portman NHS）基金會信託組織開發，這兩個組織在兒童和青少年的心理健康領域具有悠久的歷史和豐富的經驗。Watch Me Play！旨在爲家長提供一套簡單而有效的方法，來參與孩子的遊戲過程，並透過遊戲來促進孩子的情感健康和整體發展，有助於促進家長與孩子的互動和情感連結。

其理念源自於英國的兒童心理學家溫尼考特（Donald Winnicott）的理論，他認爲遊戲是孩子自我探索和表達的重要途徑，透過遊戲，孩子可以表達內心的情感和需求，並且在一個安全和支持的環境中探索和理解自己與世界。而且遊戲是孩子情感世界的真實反映。

溫尼考特的理論對於理解 Watch Me Play！的核心理念非常重要。他認爲遊戲是一個「過渡空間」（transitional space），在這個空間中，孩子可以自由探索和創造，並透過遊戲來處理內心的衝突和情感。

讓孩子擁有自己的過渡空間

「過渡空間」是溫尼考特提出的一個核心概念，指的是介於現實與想像之間的心理空間。在這個空間中，孩子可以藉由遊戲、角色扮演、創作或其他表達方式，自由探索自己的內心世界，並與外在環境產生聯繫。

通俗地說，過渡空間就是孩子的心理遊戲室，他們可以在這裡測試自己的想法，表達內心的情緒，並用創意的方式處理生活中的挑戰與衝突。

Winnicott, 英國兒童心理學家：
遊戲，是孩子與世界之間的過渡空間。

在過渡空間裡，孩子透過遊戲來建構自己的世界，這些遊戲不僅是表面上看起來的娛樂層面，而是一種探索和學習的途徑。孩子可以：

- **創造劇本與角色**：孩子在遊戲中模擬生活場景，創造故事劇情，並扮演不同的角色（如醫生、超級英雄、媽媽等）。這種模擬讓他們可以安全地體驗不同的情緒與角色，並從中學習社會規範與關係互動。
- **表達內心的情感與需求**：遊戲爲孩子提供了一個非語言的溝通方式。例如，孩子可能會透過扮演「壞人」來表達內心的不滿，或透過建造房子來展現對安全感的渴望。
- **探索自我與環境**：孩子在過渡空間中探索「我是誰」以及「我如何與世界互動」。這有助於他們發展自信心與獨立性。
- **解決衝突與困難**：遊戲中模擬的情境，常常包含孩子眞實生活中的衝突。例如，他們可能在扮演國王時，處理權力與合作的議題，從而練習如何應對現實生活中的挑戰。

過渡空間如何幫助孩子成長？

過渡空間的價值在於，孩子可以在這裡安全地嘗試與成長，並從中獲得以下幾個方面的提升：

- **情緒調節**：遊戲讓孩子能夠表達和處理複雜的情感，例如害怕、憤怒或嫉妒，而不會感到被批評。這對情緒調節和心理健康非常重要。
- **創造力與解決問題的能力**：在遊戲中，孩子不斷地面對挑戰並找到解決方法，這培養了他們的創造力與邏輯思維。
- **社會化技能**：當孩子在遊戲中模擬角色互動（如醫生和病人、老師和學生），他們正在練習如何與他人相處，這對未來的人際交往具有重要意義。
- **建立自信與自我認同**：過渡空間讓孩子自由地探索自己的特質與興趣，並在不受評判的環境中感受自己的價值。

家長擔任支持者與觀察者，而非主導者

Watch Me Play！的理念強調，家長在孩子的過渡空間中，要扮演的是支持者與觀察者這兩個角色，而非主導者。這意味家長不需要設計或改變孩子的遊戲，而是提供一個安全的環境，以尊重的態度投入。在孩子的過渡空間裡，家長可以：

- **觀察孩子的遊戲**：看孩子在遊戲中創造了什麼樣的劇本或角色？這些角色是否反映了他們的內心情緒？觀察孩子如何處理遊戲中的問題，從中了解他們的思維與情感狀態。
- **成爲情感的支持者**：當孩子表現出挫敗感或情緒波動時，家長可以用簡單的話語安撫，例如：「我看到你剛剛在努力解決這個問題，這眞的不容易。」給孩子一個表達情緒的空間，而不是急著給出解決方案。
- **尊重遊戲的過程**：遊戲沒有對錯，家長不需要批判或修正孩子的劇本，即使那些劇情看起來很「怪異」。例如，如果孩子扮演壞人或失敗者，家長需要理解這可能是孩子在探索某些情緒或解決內心矛盾的一種方式。

如何爲孩子打造一個過渡空間？

過渡空間是一個孩子可以自由探索、創造和成長的重要領域。在這個空間中，他們能以遊戲爲橋梁，連結內心與外在世界，並學會如何面對自己的情緒與挑戰。作爲家長，我們的任務不是指導或改變，而是用心陪伴，爲他們提供安全與支持。

正如溫尼考特所說：「遊戲讓孩子了解自己，也讓世界變得可理解。」

讓我們透過這個過渡空間，幫助孩子找到屬於他們自己的成長方向。Watch Me Play！倡導家長在孩子的遊戲中，扮演觀察者和支持者的角色，透過積極和非批判的態度，來促進孩子的情感和行爲發展。

父母和老師可以透過以下方式，幫助孩子建立和使用過渡空間：

Dos and Don'ts

1 **提供一個安全的環境：**
給孩子準備一個專屬的遊戲角落，
讓他們可以無拘無束地玩耍和創造。

2 **放下控制：**
避免過多干涉孩子的遊戲過程，
不用擔心劇情「太怪」或「太無聊」。
這是孩子自己的空間。

3 **用心觀察但不評判：**
看孩子的遊戲如何進行，並尊重他們的創意。
對於孩子的表現，採取支持性的語言，
例如：「你的這個角色很有趣，他做這些事的原因是甚麼呢？」

4 **適時參與，建立連結：**
如果孩子邀請父母加入遊戲，記得讓他們主導，
並以合作的方式參與，而不是改變遊戲的方向。

在家與孩子一起嘗試 Watch Me Play！

五步驟，看懂孩子的遊戲，玩出眞連結！

這套流程適合家長在日常生活中，尤其是下班後、假日或與孩子共處的片段時間進行。每次進行時間建議 5～20 分鐘爲宜。

依照「角色扮演」、「身體動作」、「創意表達」三大類選擇適合的玩具：

- **角色扮演素材**：適合孩子演出家庭場景、人際衝突、照顧與被照顧的情境。如：娃娃、泰迪熊、絨毛玩具；娃娃屋與家具、木頭娃娃；玩具電話與茶具；玩具火車、小型玩具車；玩具農場與野生動物。
- **身體動作素材**：適合孩子演出躲藏、碰撞、安全感、丟接遊戲等動態情緒情節。如：毯子與靠墊；軟球；橡皮擦或軟橡皮；各種容器、盒子、木勺。
- **創意表達素材**：適合讓孩子畫下角色的心情，幫助他整合內在經驗。如：圖畫紙、蠟筆或彩色筆；手指畫顏料或水彩顏料及畫筆。

步驟一：設定「陪玩心態」

目標：不是教導、不是指導，而是「看見孩子正在發生什麼」。深呼吸三次，提醒自己：「這段時間，我是來觀察與陪伴的。」放下手機、關掉電視，確保自己能全神貫注。

步驟二：加入孩子的遊戲場域

目標：進入孩子的世界，不干涉、不主導。

你可以這樣說：「可以讓我坐在旁邊看你玩嗎？」「我在這裡陪你玩，不插手喔！」注意，一開始不要急著問問題或指導，先像觀察員一樣「看」。

步驟三：用5種語言回應孩子

1 表現興趣（Show Interest）

用具體語句展現你正在關注孩子所做的選擇。範例：「你現在幫小熊蓋了好厚的被子耶，是不是怕牠感冒？」應用在測驗結果爲熊寶貝的範例：「哇，你蓋了一座高高的牆，這是要保護誰呢？」

2 評論（Comment）

說出你觀察到的事實，不加以評價。範例：「獅子走進森林裡，其他小動物都逃走了。」應用在測驗結果爲小泰山的範例：「你剛才把車子撞開，然後大聲說『我不玩了』。」

3 描述（Describe）

關注孩子當下的行動，並像解說員一樣幫孩子整理正在發生的事。範例：「你現在在看那邊的積木，然後開始動手搬動它們。」應用在測驗結果爲小蘭花的範例：「你坐在角落，一直看著那台玩具車，像在思考什麼。」

4 談論孩子的感受（Talk About Feelings）

幫孩子把行動連結到內在情緒，讓他感覺被理解。範例：「你把玩具收起來了，可能是覺得有點難過吧？」應用在手足爭寵的範例：「你這樣照顧娃娃，是不是也想要被媽媽多多照顧？」、「你不想輸給弟弟，可能會覺得有點不公平，對吧？」

5 **具體讚美（Praise the Process）**

不要只說「你好棒」，而是稱讚孩子過程的努力。範例：「你試了三次才成功蓋好這座橋，眞的很堅持耶。」應用在耐挫力低的孩子身上：「你好勇敢，願意對我表達你的生氣和不滿。」

步驟四：承接情緒，不急著修正

目標：幫助孩子用遊戲抒發情緒，而非壓抑。

如果孩子摔玩具：「感覺你很生氣。」當面對負面情緒時，除了讓孩子抒發，也要確保他的安全。尤其你在承接情緒的時候的肢體語言，要像是在見證一個重要的演出一樣，透露出關注。請注意，孩子不是「故意」情緒化，可能是遊戲中重現了日常的壓力或渴望。

步驟五：遊戲結束的過渡語

目標：安全收尾，不打斷情緒、不製造衝突。

你可以說：「我們還有五分鐘要結束喔，我們一起選一個方式來做最後一輪吧！」「今天的遊戲我好喜歡，明天你也可以再邀請我一起玩喔！」

附加提醒

- 每天一點點比偶爾一次很長時間更有幫助。
- 這不是「教孩子怎麼玩」，而是讓孩子帶領你重新學會「感受」。
- 家長不是要成為玩伴，記住是「watch me」play，你要成為一個真實、溫柔的見證人。

Watch Me Play！的效果與重點

實施 Watch Me Play！後有什麼效果呢？家長可以觀察以下幾個方面：

1 孩子的情緒和行為變化

觀察孩子是否變得更加自信、穩定和開心。注意孩子在遊戲中的正向反應，以及他們在日常生活中的情緒和行為變化。例如孩子是否表現出更多正向情緒，如微笑、笑聲和興奮，是否更能應對挫折和壓力。

2 親子關係的改善

觀察親子之間的互動是否更融洽和親密。注意孩子是否更願意與家長分享想法和感受，是否表現出更多信任和依賴。例如孩子是否更願意與家長一起玩遊戲，是否更頻繁地尋求家長的支持和幫助。

3 技能的發展

觀察孩子在遊戲中的創造力和問題解決能力是否有所提升。注意孩子是否能提出新的遊戲想法、是否能自主設計和構建遊戲場景、是否能解決遊戲中的挑戰和困難。例如：孩子是否能獨立完成拼圖、是否能創造性地使用積木構建複雜的結構。

4 情緒與社交能力的提高

觀察孩子是否更願意表達自己的想法和感受，以及語言表達能力是否有所提升。注意孩子在遊戲中的語言使用情況，以及他們在日常生活中的溝通能力變化。例如：

孩子是否能清晰描述遊戲中的情節、是否能用豐富的詞彙來表達自己的想法和感受。

建議家長可以在開始前做記錄，並每週持續記錄。透過長期的觀察與記錄，進行前後對比，你會發現孩子的成長很驚人！評估效果的過程中，你還要相信自己的感受，打開我們做過的情緒感應器練習，保持開放的心，更全面地支持孩子的成長。

關於 Watch Me Play！的常見問題

1 孩子多大才能開始 Watch Me Play！？

Watch Me Play！最適用於學齡前的孩子，只要他們對遊戲感興趣並能夠進行互動。無論是嬰兒還是幼兒，遊戲都是他們學習和發展的重要途徑。家長可以根據孩子的年齡和興趣選擇適當的遊戲和活動，並根據孩子的需求進行調整和改進。

2 可以跟兩個孩子同時進行 Watch Me Play！嗎？

如同前面提到的精心時刻，爲了避免手足間的競爭出現，請分別進行，給每個孩子專屬的注意力，這樣可以更好地滿足他們個別的需求。如果家中有多個孩子，可以安排不同時段與每個孩子進行專注的遊戲時間，這樣可以讓每個孩子都感到被重視和理解。

3 如果孩子不願意跟我一起玩遊戲怎麼辦？

如果孩子不願意與家長一起玩遊戲，家長應該尊重孩子的意願，不要強迫他們參與。可以透過觀察和理解孩子的需求，找到他們感興趣的活動，並逐漸建立起互信和互動。家長應該保持耐心和關注，透過積極的態度和支持來吸引孩子的參與。也有可能你與孩子的關係需要加溫，請找尋專業的協助。

4 如何處理孩子在遊戲中的情緒爆發？

在遊戲中，孩子可能會因爲挫折或壓力而情緒爆發。你要保持穩定，同理孩子的情緒，並給予適當的支持和安慰。如果孩子出現了不安全的行爲，我們要設立安全的界線，比方說他可以打填充娃娃，但不能用金屬的玩具車丟你來表達他的不滿。當我們學會理解和接納孩子的情緒，並透過安全的界線來支持他們的情感調節，孩子就能把在遊戲中所學習到的應用到生活中。

5 Watch Me Play！對於有特殊需求的孩子有效嗎？

Watch Me Play！同樣適用於有特殊需求的孩子。遊戲對於這些孩子來說也是一種重要的學習和發展途徑，可以幫助他們提高社交、情感和行爲能力。家長可以根據孩子的特殊需求進行調整和改進，並尋求專業人士的指導和支持，以便更好地幫助孩子成長。

總結

我們以爲教養是引導孩子長大，但其實，教養更像是一場親密的共演（ensemble）——你不是獨白，他不是配角。你們彼此聆聽、互相丟接、在生活這座舞台上一起即興，有時碰撞、有時失誤、有時感動得想哭，但只要你願意留在場上，就已經是最好的父母之一。

當你成爲他的觀察者，他會知道：「原來我可以被好好看見。」

當你成爲他的見證者，他會相信：「我所有的感受，都有資格存在。」

當你成爲他的說書人，他會開始學著說出自己的情緒劇本，不再用哭鬧與退縮演出困境。而當你願意走進他的遊戲，成爲那個肯蹲下來與他對戲的人，你們的關係，就不再只是親子，而是一對共同創作者。Watch Me Play！，就是讓這一切發生的起點。它不需要華麗的道具，也不需要複雜的理論，只需要你願意停下來，眞誠地看著孩子玩：不批評、不教導、不介入，只是看見、回應、陪伴。這個簡單的行動，濃縮了本書所有的心法與練習：觀察的眼睛、理解的語言、共感的回應。它就像是一把小鑰匙，幫你打開孩子的情緒劇場，也打開你們之間的深度連結。這本書寫到這裡結束了，你和孩子的故事，正要開始。請記住，每一次你願意放下急著「教」的衝動，改爲眞誠「看見」——你就在爲他搭一個舞台，讓他在愛與自由中，演出眞正的自己。這齣戲的名字叫做「一起長大」。而你，是他最相信的那個「Yes, and」的夥伴。

共演（ensemble）是什麼？

Ensemble（法文原意爲「一起」）在戲劇與音樂中，指的是一組彼此協作、平等創作的團隊。每個人都不是主角，卻都很重要。沒有誰在主導，而是透過不斷的回應與接住，完成一場即興、眞實且動人的演出。

在親子教養中，**ensemble** 並非父母主導、孩子配合，也不是「誰對誰錯」的拔河比賽。它是一種共同參與的關係節奏，代表父母與孩子在生活裡彼此傾聽、互相調頻。你接住他的不安，他承接你的耐心。你丟出一顆溫柔的球，他用信任把它丟回來。

什麼是 Yes, and ？

「**Yes, and**」是即興戲劇的核心原則之一。當一位演員拋出一個點子，例如「哇！你是太空人！」。另一位不否定、不質疑，而是先接住（**Yes**），再加碼回應（**And**）：「對啊！而且我現在在火星上探險！」

在親子互動中，「**Yes, and**」是一種無條件接納與共創的態度：

「**Yes**」代表你認同孩子的想像與情感世界。

「**And**」代表你願意參與其中，與他一起創造新的故事。

後記　走進孩子的劇場，也喚醒自己的人生

寫完這本書，我常常回想：到底是我在陪孩子演戲，還是孩子在陪我走回自己？我們在孩子身上看到的那些情緒、拉扯、對愛的渴望，其實不也像極了我們內在某個曾經的自己？也許你曾為了愛而壓抑感受，也許你記得小時候多麼希望大人能看見你、不只是管你。也許你從含蕊的沉默中，看見了你長年以來習慣的懂事；也許你從小晴的憤怒中，看見了你內心那個「老是被要求要讓」的自己。孩子的劇場，不只是孩子的劇場。它是一面鏡子，也是一道門。

那個總想表現得乖巧卻很想被看見的孩子，那個為了取悅大人而壓抑感受的孩子，那個不知怎麼說出「我很累了」的孩子——是不是也還住在你心裡？當你願意停下來，讀懂他們的情緒劇本，你也同時看見了那個還在等待被理解的自己，走進了自己的內在舞台。你不孤單，我們都一樣，都在學著：怎麼重新演一次那場「被愛著長大」的戲。

亞洲家庭的情緒重建之路

相較於西方文化強調自我表達與個體發聲，亞洲文化長期以來更重視表面和諧與上下階級的秩序感。在這樣的文化背景下，表達情緒常被視爲會擾亂秩序的「不安定因素」，不僅被壓抑、被忽略，甚至被貼上「脆弱、不成熟」的標籤。許多孩子從小就被教導「乖就是好」、「不要頂嘴」，卻很少有人眞正告訴他們：「你現在的感覺，是值得被理解的。」

這樣的壓抑，不只是家庭內部的語言模式，更是整個東亞文化中一種潛在的集體經驗。推動情緒教育，從來都不只是讓孩子「不哭鬧」或「更乖巧」而已，而是一場世代的文化修復工程，讓每一個人都有機會重新學習：怎麼認識自己、允許自己、接住自己。

我們相信：

眞正穩定的社會，不是沒有情緒，而是人人都有能力承接情緒；

眞正健康的家庭，不是沒有衝突，而是衝突過後能彼此更靠近。

如果孩子能在早年便學會理解自己、表達感受、建立情緒界線，進入青春期後面對自我認同、人際衝突與生活壓力時，將更有能力保持情緒穩定與自我整合。換句話說，兒童階段的情緒教育，不只是爲了解決當下的行爲問題，更是預防未來心理危機的根本工程。

而這樣的困境，其實也同樣存在於我們這一代父母的情緒劇本裡。我們多半成長於權威主義與情緒壓抑的環境，上一代的語言與反應模式，早已根深蒂固地刻印在我們的身體裡。即使我們接觸到更多心理學的新觀念，也渴望用更溫柔、尊重的方式與孩子互動，但在現實的教養場域，仍會在壓力下不自覺地重演原生家庭的語氣與反應。

我們知道有些地方需要改變，卻不知道從哪裡開始；我們有了意識，卻仍在習慣與無力之間拉扯。這正是許多現代父母的眞實處境，也是一段值得被理解的轉化旅程。

在許多父母心中，教養是一段充滿摸索與試錯的過程。當我們努力不想複製上一代的語氣與方式，卻又在疲憊中不自覺重演，總會問自己：有沒有一種方法，可以讓我們更穩定地陪孩子長大，也更溫柔地看見自己？我希望透過這本書傳遞具體可練習的方法，幫助我們從「反射」走向「覺察」；提供可以重新選擇的方式，讓教養不只是本能的重複，而是一種有意識的創造。因此，在引進這套情緒教育系統時，我們特別針對亞洲家庭與孩子的情感特質進行了在地化的調整。

當我們願意重新看見孩子的感受，在這個 AI 加速成長、人與人連結逐漸斷裂的時代，勇敢練習「好好在一起」的能力，也許就能開啓一條全新的教養之路。我相信，從理解孩子的內在開始，就是在爲這片土地培養更有情緒韌性、知道自己是誰、也有能力做出選擇的大人。因爲每個人怎麼認識自己、看待他人與建立連結，其實早在童年的情緒劇場裡，就悄悄寫下了劇本。

當我們陪孩子長出韌性，也是在替整個社會練習：如何在多元中找到自己的位置，在混亂中穩住內在的平衡。這正是「角醒系統」存在的意義，因爲我們相信：從孩子的情緒角色開始翻轉，一場文化的覺醒，也能悄悄展開。

引進「角醒系統」理論，落實於本土情境

這本書的每一則故事，都是孩子內在情緒劇場的縮影。你是否也曾在閱讀某一頁，隱隱地感覺到，那個害怕被忽略的孩子、那個爲了愛而委屈求全的孩子，好像也是你自己？

其實，我們不只在陪伴孩子的情緒，像是照鏡子般，透過孩子的心門，我們也重新理解我們的內在角色，開始了內在的整合之路。角醒系統的核心精神，是看見我們內在的多重人格角色：有的在衝突，有的被壓抑，有的則沉睡多年未曾被聽見。透過戲劇的方式喚醒這些角色，讓它們對話與整合，一個人才有可能眞正成爲「完整的自己」，並更有彈性地面對人生的高低起伏。

我提出的「相信」與「看見」，正是來自這套系統的本質：相信每個孩子都蘊藏著尚未長出的優勢；而「看見」，是透過情緒劇本，讀懂他內在的衝突與渴望，引導他一步步整合成更穩定、更有力量的自己。

角醒系統源自紐約大學戲劇治療所，由國際戲劇治療先驅、榮譽教授羅伯特・藍迪（Robert Landy）於一九八〇年代創立。我自紐約大學戲劇治療研究所畢業後，於二〇一七年獲得 Robert 的親自授權，將這套系統引進台灣，並根據本地文化脈絡進行深化與系統化，融合戲劇、心理學與情緒教育，發展出適合華人家庭的培訓模式。

對我而言，角醒系統是一種世界觀，它讓我開始用「角色的眼光」重新觀看生命，理解關係，編排內在劇本中的角色位置，開始一段深度轉化的旅程。

每年，這套系統已陪伴近千個家庭，爲孩子與父母搭起理解與情緒連結的橋梁。

成爲孩子生命中的「角醒者」

如果你曾在某一頁感到鼻酸、眼眶泛淚；如果你在某一章看見了「那個孩子就像是我」，那麼我想邀請你，不只是閱讀——而是像角色扮演一樣，用行動走進這條路，與我們同行。你不需要很會教養，不需要很懂戲劇，你只需要願意傾聽、願意學習、願意靠近。我們已經走進了小學、幼兒園、教育機構，開始培訓第一線老師、培養師資、陪伴家長、引導孩子，建立一個由台灣出發、與世界接軌的情緒教育生態系。我們正在尋找願意一起相信的你，相信孩子內在角色的潛力，也相信自己有能力成爲那個溫柔而堅定的陪伴者，當一個社會開始願意看見孩子的情緒，就是這個社會開始學會愛自己的起點。

若想更深入了解角醒系統，讓陪伴不只是直覺，而是一種可被訓練的理解力，歡迎掃描 QR Code 了解更多實用資訊。搜尋「萬叔」或「幼兒情緒教育學院——萬叔的心 café」，看看我們如何透過內在角色的整合，陪伴孩子與大人，活出更完整的自己。

「萬叔情緒教育團隊」
角醒系統培訓計劃

國家圖書館出版品預行編目 (CIP) 資料

走進孩子的情緒小劇場：透過戲劇心理學了解高敏感孩子的內心世界，打造正向循環的情緒劇本 / 任萬寧著 . -- 初版 . -- 臺北市：遠流出版事業股份有限公司，2025.06
面；　公分 . -- (親子館；A5066)
ISBN 978-626-418-320-8(平裝)

1.CST: 親職教育 2.CST: 子女教育 3.CST: 情緒管理
4.CST: 兒童心理學

528.2　　114010392

親子館 A5066

走進孩子的情緒小劇場

透過戲劇心理學了解高敏感孩子的內心世界，打造正向循環的情緒劇本

作者　任萬寧

責任編輯　李佳姍
校對　林婉君

出版四部
總編輯．總監　王秀婷
主編　洪淑暖、李佳姍

發行人　王榮文
出版發行　遠流出版事業股份有限公司
地址　104005 台北市中山北路一段 11 號 13 樓
客服電話　（02）25710297　傳真：（02）25710197
劃撥帳號　0189456-1
缺頁或破損的書，請寄回更換

ISBN　978-626-418-320-8
2025 年 9 月 1 日初版一刷
定價　新台幣 540 元

封面設計　初雨有限公司
內頁排版　初雨有限公司
封面繪圖　老貓
內頁繪圖　謝媛明

YLib.com 遠流博識網
http://www.ylib.com
客服信箱 ylib@ylib.com
FB 遠流粉絲團